同志社から始まる未来

同志社スポーツアトム編集局・編

はじめに

「大学では、どんな生活が待っているのだろう?」。
高校のときに、誰もが一度は考えたことのある疑問ではないでしょうか。

私たちの通う同志社大学は、学生数およそ26000人。
文系・理系でキャンパスは分かれていて、
部活動やサークルがなければ、他学部の学生と知り合う機会がありません。
さらに、学生数1000人以上のいわゆるマンモス学部では、
同じ学年でも、一度も話す機会がないまま卒業していく人もいます。

この本は同志社大学の学部生を
同志社スポーツアトム編集局のメンバー有志が取材して、制作しました。
当時4年生だった先輩を中心に、話を聞かせていただきました。
その学科を代表する学生を選定したわけではなく、
たまたまご縁があって、取材を快く引き受けてくださった方ばかりです。

＊＊

「勉強って、やっぱり難しいんですか？」。

「友達ってできますか？」。

「サークルとの両立は、可能ですか？」。

そして、その学科から見える進路について。

先輩は、ときにユーモアを交えて、ときに熱っぽく、

「同志社から始まる未来」を話してくれました。

この本でご紹介しているのは、ひとつの事例に過ぎません。
言うまでもなく、学生は毎年入れ替わっていきます。
けれど、確実なのは、
今を生きる先輩たちが、体験した事実がここにあるということ。
学部での勉強やサークル。どんな生活が待っているのか、
大学案内のパンフレットには載っていない話ばかりです。

同志社の学生たちの今、そして今を起点に彼らが歩む未来。

貴重な輝きの記録を、ご覧いただければ幸いです。

編集長　北田 成実

同志社から始まる未来

目次

第1章 学部のリアル

第2章 注目の課外活動

第3章 図解で読み解く同志社の今

※本書に登場する情報および所属学科は取材当時（2014年2月）のものでありますことをご了承下さい。

第1章　学部のリアル

「なぜこの場を選び、どこへ向かうのか?」
学部生へのインタビューを通じて
14学部34学科の輝きに迫る

神学部
神学科

「他者といかに関わっていくのか」、実践的で、生きた学問としての宗教

相山《あいやま》 賢太《けんた》

文　・藤井三裕紀
撮影・中園祐介

ゴスペルと同時多発テロがきっかけ

1875年の同志社大学創立以来、1世紀以上にわたって学究の徒が集ってきた神学部。キリスト教を重んじる同志社大学ならではの学部だ。

聖書にこんな一節がある。

心をつくし、精神をつくし、思いをつくして、主なるあなたの神を愛せよ。（略）自分を愛するようにあなたの隣り人を愛せよ。

「マタイによる福音書」22章37～40節

聖書に記されている隣人愛を、今の社会でいかに実現させていけばよいのだろうか？　2011年3月1日、東日本大震災が日本を襲った。この直後から、多くの神学部生が教会を拠点に、ボランティア活動に積極的に取り組んだという。

神学部は長い伝統を誇りとし、それぞれが自分の頭で考えて、他人のために思いやりのもった行動ができる人を輩出してきた。相山がそんな神学部の存在を知ったのは、高校生のときだ。

彼の目をひいたのは、神学部の授業風景が掲載されたパンフレットだった。恥じらうことなく大きく口を開けて、笑顔でゴスペルを歌っている。「面白そう！　こんな授業は国公立大学にはないな」と直感した。

もっとも、相山が関心をもった理由は、ゴスペルだけではない。2001年9月11日、アメリカで同時多発テロが起こったのは、相山が中学生のときだった。相山の親戚は、サンフランシスコ・ハワイ・ロサンゼルス・ラスベガス等、アメリカの各地で暮らしている。

「日系アメリカ人の親戚がたくさんいるから、テロが他人事とは思えなかった。メディアではテロは宗教対立が原因と報道していました。この頃から宗教について興味を持ち始めたんです」。

同志社大学の神学部では、キリスト教、ユダヤ教、イスラム教について学べるのも、相山にとって魅力だった。いずれも一神教で、世界的に信者は多い。この3宗教を同時に、かつ本格的に学べる神学部は、世界的にも珍しいそうだ。同志社では学生の希望に合わせ、3つを広く学習することも、いずれかに的を絞ることもできるカリキュラムを採用している。

ゆるぎない伝統を感じながら

神学部の一学年の人数は60人、これは他学部と比較してかなり少ない。相山は、入学式の直後に開催された、一回生だけが集まる「フレッシャーズキャンプ」で、すぐにクラスメイトと打ち解けたと話す。

神学部では、共通の授業を通じて、他学年の学生とも友達になりやすい。さらには教授陣との距離も近い。授業を受けているだけで、先生に名前を覚えてもらえる。

「同志社大学は学部が増えて、巨大化しています。けれど、縦のつながりや先生との関係性の深さは、神学部の伝統です。神学部にはゆるぎないものがあるように感じます」。

相山は現在神学部の大学院に進み、関谷直人教授のアシスタントをしている。関谷教授の専門は牧会カウンセリング。牧会とは、キリスト教会で、牧師が信徒へ魂の治療を行うことを指す。関谷教授は、喪に服した人に対して、キリスト教でどのように対応していけるのかを研究している。

関谷教授の授業のうち、相山のイチオシはゴスペルだ。グループに分かれて、学生は実際に歌う。

「固い授業ではないので、このクラスではぜひ思い切り楽しんでほしいです」。

ゴスペルの授業は、学内のクラーク・チャペルで行われるのも特徴だ。週に1度、半期をかけて、学生たちは課題曲と自由曲を1曲ずつマスターする。みんなで熱くなれるこの授業の雰囲気は、合唱コンクールや、アメリカの学園ドラマ『グリー』を思わせる。

「この授業には夢中になれるよさがあるので、歌うのが好きな人は取ってみてほしい。ゴスペルから宗教に関心を持つのも、ありだと思います」。

なお、この授業は神学部生以外も受講可能だ。

実践的で、生きた学問

神学と聞くと、観念的かつ抽象的なイメージをもつ人も多いだろう。それに反して相山は、宗教学は実践的で生きた学問だととらえている。

「仏教徒や無宗教の人が多い日本では、アカデミックの端にある学問かもしれません。そんな神学を生かすか腐らせるかは自分次第です」。

たとえば冒頭で掲げたように、隣人愛の教えは、東日本大震災の直後、ボランティア活動として具現化した。それでは日常生活のなかでは、隣人愛はどのような形を取り得るのだろうか？　他の教えは？　他者との関わり方に、宗教は大きな示唆をはらんでいる。ある意味、私達の日々の生活は神学の応用問題の連続だ。

相山は学部と大学院2年間の経験から、「相手の気持ちがわからないと、神学は生かせない」という考えに至った。

大学の創立から１３０年あまり、数多の卒業生たちが神学部での教えを胸に、社会に巣立っていった。昨今の神学部の卒業後の就職先は、他の文系の学部とさほど変わらない。一般企業、公務員、教師（宗教学）……。もちろん修士課程を経て牧師になる人もいる。

実は、神学部には、年齢を重ねてから再び戻ってくる卒業生が目立つそうだ。

「何年か、あるいは何十年か後に、もう一度神学を勉強したくなるみたいです」。

他者といかに関わっていくのか、それはある意味で私たちの永遠の課題だ。だからこそ、どんな職種にあろうとも、神学部で学んだことは必ず生きてくる。そんな古くて新しい魅力のある学問が、神学なのだろう。

答えてくれた人

相山賢太さん

１９８９年生まれ。和歌山県立桐蔭高校卒業。同志社大学神学部を経て、２０１１年神学部大学院に進学。英語が堪能で、外国へ行く機会も多く、海外の文化に触れることが好きである。

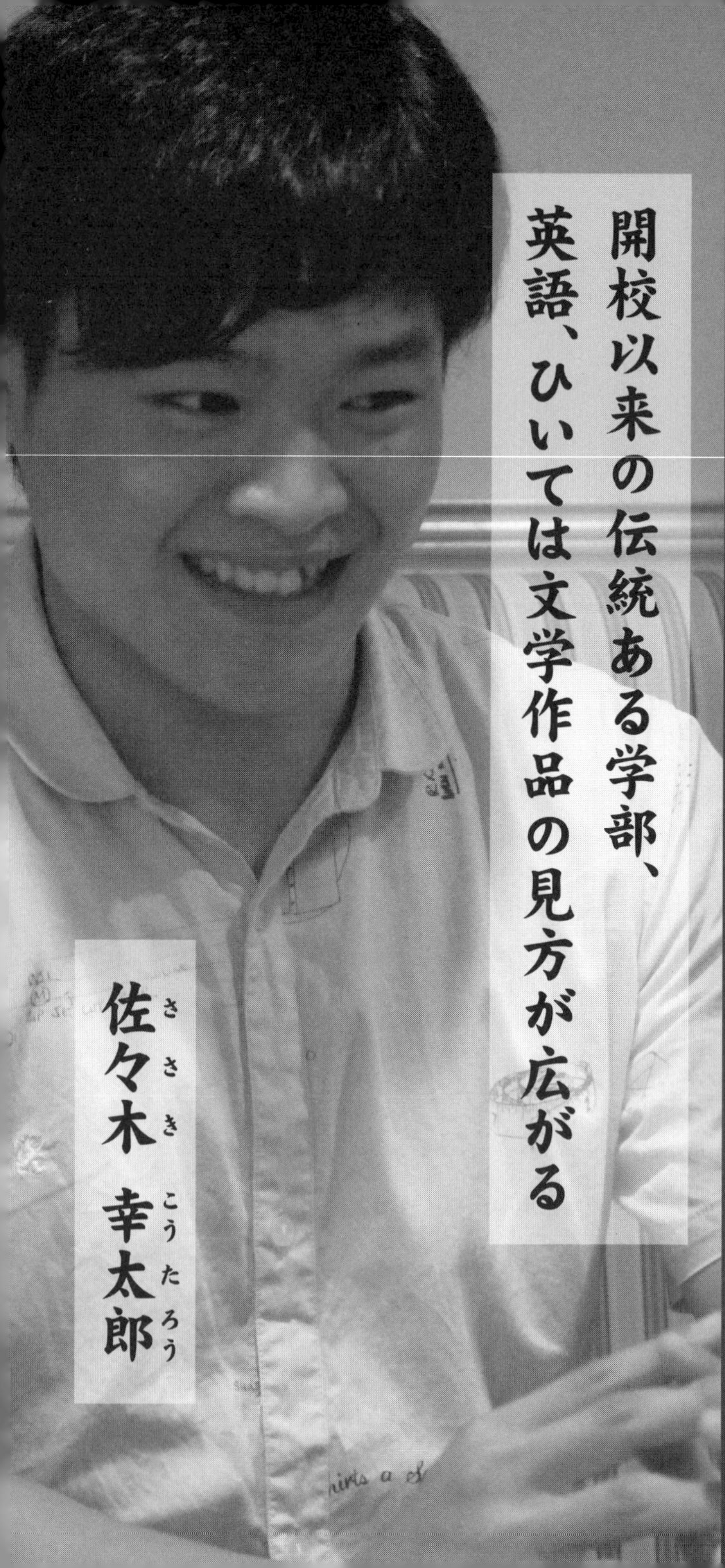

文学部 英文学科

開校以来の伝統ある学部、英語、ひいては文学作品の見方が広がる

佐々木《ささき》 幸太郎《こうたろう》

文　・谷咲奈恵
取材・藤井三裕紀
撮影・北田成実

開校以来の伝統を受け継ぐ

「英語が好きで、英語にしか興味を持てなかった」。

佐々木が英文学科を志望した理由はシンプルだ。きっかけは、小学生の時に見ていた海外のプロレス番組から流れてくる英語の解説だった。「いつか、何を言っているのかわかるようになればいいなあ」。そんな思いで聞いていた。

中学校のときに、英語の授業が始まる。勉強すればするほど上がる成績に、モチベーションも比例する。佐々木は英語に夢中になった。

世界共通言語の英語は、海外について知る手段だ。彼にとって、英語に親しむことは世界を知ること。「それがなによりも楽しく感じますね」と佐々木は話す。

同志社大学文学部英文学科は、同志社英学校開校以来の歴史をもつ。由緒ある学科だからこそ、カリキュラムもよく練られているのが特徴だ。

必修科目の「英語コミュニケーション能力養成プログラム」を通じ、少人数制のレベル別クラスで「聞く」「話す」「書く」「読む」という4つの実践的な技能を高める。通訳や翻訳などの高度な技術を身につける科目もある。

選択科目も充実している。英語の文学や歴史、教育や英語圏の文化など、英語に関わる分野を深く学ぶことができる。

また、英文学科では、留学を希望する学生を積極的にサポートしている。TOEICテストの全員受験（年2回・無料）や、TOEFLまたはTOEIC
学準備クラスの設置。海外に興味がある学生が圧倒的に多い英文学科だからこそ、このような取り組みが行われているのだ。

作品の読み方が変わる2つの授業

英語に関連した講義が多い英文学科。特に佐々木が面白かったと話すのは勝山貴之教授の英米劇だ。演劇という舞台芸術の手法の理解を目標に開講されている。

「同志社の英文に来たのならば絶対にとるべき授業です。僕はこの授業を受けて、英語のとらえ方が変わりました。勝山先生のおかげです」。

また金津和美准教授の、英米詩の授業もおすすめだ。詩は長篇から、10行程度で構成される短いものまで様々だ。

「すべての詩に完成するまでの背景があり、それを踏まえて読み解いていく。さらに、作者が一番言いたいことを想像すると、より深く詩を味わえるようになります」。

佐々木が勧める講義に共通するのは、文学を深く読み解く面白さを実感できる点だ。演劇なり詩なり、作品を深く読み解くうちに、自然と様々な角度から物事をとらえられるようになる。そして、その物語の読解力が生きるのは、英語の作品だけではない。佐々木は、日本の文学や映画も違う角度から見るようになったという。

「作品のとらえ方が変わりましたね。文学作品をただ漫然と見るだけでは逃すものがあると気づいたのは、大きな収穫でした」。

英文学科のゼミは、大きく教育系と文学系の2分野に分けられている。文学と一言でいっても、その内容はアメリカ小説やイギリス文化、詩まで多種多様だ。

英文学科では、専門分野を決めるのに時間がかけられる。大学に入学して1年目は、教育系か文学系、どちらのゼミを選ぶかを決めればいい。そして2年からのゼミは、いわば「お試しゼミ」。もし希望があったら変更できる。本格的にゼミが始まるのは3年だ。

佐々木は学習のモチベーションを専門とする田中貴子准教授のゼミを選んだ。英語教育系のなかで人気のゼミの一つだ。田中ゼミでは、人は語学を学ぶとき、いったいなにが動機になるのか、そのメカニズムを研究する。

勉強を通じて、夢が見つかる

佐々木が特に英文学科でよかったと感じるのは、他の学部と比べて圧倒的に英語に触れる時間が長い点だ。構内でお世話になった先生に会うと、おしゃべりは英語だ。講義外でも英語を自然に使えるのはうれしい環境だ。

「大学で英文学科に進みたいけど、英語の何を学びたいのか、わからない人もいるでしょう。でも、同志社の英文学科に来れば、きっと見つかると思いますよ」。

実際、佐々木も入学当初はただ英語が好きなだけで、はっきりとした夢を持っていなかった。

「でも、教職科目を受講して、英語教育を学ぶうちに、英語を教える魅力にどんどんハマっていきました（笑）」。

佐々木の将来の夢は、英語教員だ。

「小、中学校での英語授業がすごく楽しかったんです。生徒とは違う形で、もう一度あの場に戻りたいという気持ちがあった」。

生徒の勉強に対するモチベーションを上げることも下げることも可能なのが教員で、その責任は重大だ。教員になると決めてから、佐々木は努力を惜しまなかった。英文学科で取れる教育系の講義はすべて受けた。ゼミでは、英語を学ぶモチベーションがどうしたら上がるのか、深く学んだ。

佐々木は、自身が楽しんで英語を学んだ経験があるからこそ、生徒に英語学習の楽しさを伝えることができると胸を張る。取材中、終始、佐々木はよどみなく話をしてくれた。話すことと英語が好きな彼にとって、英語教員は魅力あふれる仕事なのだ。

佐々木は続ける。

「英文学科に入るときに必要なのは、英語をもっと学びたいという気持ちだけです。将来の夢は、おのずと見えてくると思います」。

答えてくれた人
佐々木幸太郎さん

1990年生まれ、大阪府出身。私立開智高等学校を卒業し、文学部英文学科に進学する。趣味は柔道、自転車。将来の夢は幸せな家庭を築くことだ。

文学部 哲学科

なにげないことを入り口に「考える」を、深く考え続ける

小《お》木《ぎ》曽《そ》　祥菜《しょうな》

文　・西田奈未
撮影・西田奈未

私たちはなぜ勉強するのか？

高校時代は古文が好きで、国文学科に進もうと思っていた小木曽。しかし、２歳上の姉が必死になってセンター試験の勉強をしている姿を見て、疑問が湧いてきた。

「勉強のゴールは、試験で高得点を獲ることじゃないはず。では、いったい私たちはなんのために勉強しているのだろうか？」。

悩んだ末、小木曽は「その答えが得られそうな」哲学を、大学で専攻することに決めた。

さて、部外者からすると、文学部哲学科で学ぶ内容は「一点集中、狭い世界で思考を深めていく学問」という印象がある。それが日常生活でどう役に立つのか？　失礼かもしれないとは思いつつ、おそるおそる聞いてみた。

小木曽は言う。

「確かに、集中して考えることを求められる学問です。ただ、どんな行動をとるにも、その前に思考って必要ですよね。哲学科では思考力がつくから、学んだことを日常生活に広げやすいんです」。

１年生では哲学史を学ぶ。たとえばプラトンはイデア論を思いつき、それを下敷きにして弟子のアリストテレスは思想を展開した。こういった哲学史の概要をたどりつつ、学生は「賛成」「反対」と意見を言い合うことが求められる。

学年が上がるにつれ、賛成あるいは反対の理由を、説得力をもって相手に伝えることができるよう、要求は高まっていく。

「こういった哲学科のカリキュラムのおかげで、言葉による説得に強くなった気がしています。そして哲学科のクセでしょうか、なにげないことも深く考えるようになりました。たとえばなぜ図書館で騒いではいけないのか？　騒ぐ人を見ると、なぜ自分は不快に思うのか。他の人はどうなのか。また、騒ぐ人をどんな言葉で制止するのが有効なのか。いつも考えてしまいます」。

自分がどんな人間なのか内省する力もつくし、相手に届く言葉を考えると、周囲の人に配慮ができるようになるだろう。

「そうですね。１年生のときにピンとこなかった話も、学年が上がってわかることもあります。

一つの話が、日常生活のちょっとしたやり取りで腑に落ちることもあります」。

授業と合宿で理解を深める

哲学科の魅力の一つに少人数制の授業がある。一学年の人数は約60人。1年生のときから教授1人対学生10人の少人数制の授業が設けられている。そこでの発表は、直接に教授の意見を聞ける絶好の機会だ。

「哲学科の教授は『考えるプロ』です。学生10人の授業では、その考えに触れられる。それに少人数だから親しい友人も作りやすくて、意見交換できるのが助かりました」。

哲学は、1人で学ぶと行き詰まることもあるそうだ。そんな哲学科だからこそ、周りに頼りやすい環境が整っているのはありがたい。

また、学生全員参加の「合宿」は、哲学科ならではだろう。一学年の人数が多い他学部生には考えられない合宿だ。2年生のときに、教授と学生が学校の施設に集まり、同じ釜の飯を食う。学生は教授の研究内容の説明を聞き、これから何を深く学びたいかを考える。合宿で気になった教授のゼミに入る人も多い。そして、夜は質疑応答や勉強、学生同士の交友が深まる濃密な時間だ。

小木曽は、なかでも長澤邦彦教授の哲学概論の授業に感銘を受けたと話す。

「長澤教授は、『哲学科ってなにを学ぶのだろう?』という素朴な疑問に対して、核心を突いた答えを提示してくれるんです。他学部でもその面白さは評判になっていて、『感動した』といった意見をレポートで書く学生もいるほどです」。

小木曽は、長澤教授のドイツ語の習得のエピソードに感銘を受けたという。長澤教授はドイツ語が堪能で、博士論文を書いたほどの実力の持ち主だ。しかし、最初から上手だったわけではない。

「長澤先生は、学会発表の前に、ネイティブに自分の論文を読んでもらい、それを録音、なおかつ原稿にアクセントと発音記号をすべて書き込んで、練習したそうです。『相手がドイツ人だから』と、あきらめない。聞き手についてとことん想像する姿勢に感動しました」。

受け手の立場をつねに考える長澤教授の姿勢が

授業に反映されているからこそ、人気は高いのだろう、と小木曽は話す。

自分の答えを手に入れる

卒業後の進路の選択肢は広い。就職する学生、留学した分大学に留まる学生。教師や公務員を目指す学生。哲学科では図書館司書、博物館学芸員、地歴公民の教員資格を取得する人が多い。

小木曽は、院で哲学を学ぶことを決めた。2年生の終わりに、深く調べたい哲学者が見つかった。教授に話すと、ちょうど調べている院生を紹介して、院の授業を聴講させてくれた。

「院の3人の先輩が、誇りをもって研究している姿がかっこよかった。自分もそこまでできたら楽しいだろうと思いました」。

学部生の4年間を哲学科で過ごすと、自分の意見を自然と持つようになる。常識にとらわれずに、世間と自分の意見の対立に敏感になる。

「高校とまったく違う勉強がしたければ哲学科をお勧めします。教授という『考えるプロ』は、答えをくれるわけではありません。考えるのはあくまでも自分。自分の意見が答え。大切なのは自分で考えることなんです」。

「なんのために勉強するのか?」「考える力を得るために、勉強する」。その続きを求めて、小木曽は哲学科の階段をさらに上っていく。

答えてくれた人

小木曽祥菜さん

1992年生まれ。千葉県出身。私立志学館高等部卒業。趣味は読書。「自分が満足できるまで、勉強を続けてみたい」が目下の目標。

文学部
美学芸術学科

「1+1の答えはひとつじゃない」
正解がないアートの世界で生きていく

加藤《かとう》 杏奈《あんな》

文　・木許良咲
（写真は本人提供）

アーティストに刺激されて自主勉強

幼いころから美術館が好きだった加藤。描くことより理論に興味があった彼女は、同志社香里高等学校から文学部美学芸術学科に進学した。ここまではスムーズな道のりだったが、大学に入学してしばらくすると、「先生が授業で教えてくれないことも、知りたい」と感じるようになった。

そんなある日、ある4人のアーティストが主催しているインターン（学生の就業体験）の告知を見つけた。興味本位の軽い気持ちで応募してみたところ、アーティストたちのものづくりの現場の話や美術史の知識に圧倒された。

それまで、自分では美術がある程度わかっているつもりでいたが、皆目見当がつかない話もあった。その場では顔には出さないようにしたが、内心悔しかった。

「彼らが話している内容を、ちゃんと理解したい！」と、加藤は自主的に図書館で勉強し始めた。周りが遊んでいるときも、一人で黙々と調べもの。友達がうらやましいと感じないわけではなかったが、勉強してアーティストと対等に話がしたい気持ちのほうが強かった。「衝動的に勉強していた感じでしたね」と加藤は振り返る。

自主勉強の甲斐あって、美術史の知識とわかることが比例して増えていった。

「1枚の絵画が何層ものストーリーをもつことを知りました。絵画をより深く鑑賞できるようになりました」。

加藤は、読んだ本の重要な部分をノートにまとめ、オリジナルの参考書を作成している。

「このノートはテスト勉強にも役に立ちました。みなさんも、自分の興味のあるジャンルでぜひつくってみて下さい。おすすめです」。

加藤の自主勉強の成果であるこのノートは、1年に1冊のペースでできあがる。ある意味、このノートは加藤のなによりの宝物だろう。

自分のテーマに合わせてゼミが決まる

美学芸術学科は1学年約70人。アットホームな雰囲気が特徴だ。学生と教授の距離が近く、お互いの顔がわかっているため、授業で出欠確認をとることも少ないそうだ。

「学生はヲタク気質で面白い子が多く、みんな自分のやりたいことをしっかり持っている感じです。大学では、同じことに興味がある、話が合う人にたくさん会えました。自分の好きな話で盛り上がれるのがうれしい」。

他の学部と異なる点は、定期テストがほぼなく、ほとんどがレポート提出だということ。そのため単位を落とす人が少ない。

加藤のおすすめの授業は「実地演習」。休日を使って宝塚歌劇や文楽を観に行ったり、お茶を点てたり、貴重な経験ができる。

また、美学芸術学科には、ユニークな教授が多く在籍している。岡林洋教授の研究テーマは美学、現代アート論。研究対象の幅が広く、サブカルチャーについても詳しい。アーティストとも関わりがある、美学芸術学科の名物先生だ。

岸文和教授の専門は浮世絵。受講者を巻き込んだパフォーマンスのある授業が上手で、引き込まれる。コマーシャルの研究もしているため、メディアに関する造詣が深い。「岸先生の本も面白かったです。興味のある人はぜひ手に取ってみてほしいですね」と加藤は話す。

根岸一美教授は、音楽学が専門で、音楽全般について広範な知識をもつ。このように、絵画や音楽と多岐にわたった専門知識をもつ教授陣から幅広い芸術を学ぶことができる。

3年生から始まるゼミの選び方は、美学芸術学科ならではだ。まず自分のやりたい題材を提出して、テーマに合わせて先生が割り振られる。その研究は卒業論文にもつながっていく。

「3年生までにある程度自分のやりたいことを考えておいた方がいいかもしれません」と、加藤は話す。特にやりたいことがない場合でも、いろんな授業を受けるうちに、自分のなかに好奇心が湧いてくるケースも多い。また、教授陣も相談にのってくれるので心配はいらないと、加藤は付け加えた。

正解のない答えを求めて

「アートの世界は、下積み時代が長いけれど、いわゆる普通の会社勤めと違って、定年がありません。才能と技術があれば、一生食べていける。そんな職業、他にはないと思います」。

現代アートのキュレーターとして、展覧会や、ギャラリーの講演会を企画するのが、加藤の将来の夢だ。夢に近づくために、加藤は2年生のとき、早稲田大学に交換留学をした。同志社大学は古典が強いのに対し、早稲田大学では現代アートを得意とする教授がいる。

「早稲田との交換留学を通じ、あらためて同志社大学の長所がわかった」と加藤は話す。同志社の美学芸術学科では、必修科目でしっかり基礎が学んでおけるから、応用が効くのだ。

美学芸術学科では学芸員と社会科の教職課程が履修できる。学芸員の資格を取る人も多い。卒業後の進路は、芸術家を目指す人が多数いる。また、研究を深めるために大学院に進む人も珍しくない。就職するなら、玩具メーカーなど、大学で学んだ内容を生かせる業界が人気だ。

クリエイティブなことをしたい人、探究心のある人に美学芸術学科は向いている。逆に言えば、決まった答えが欲しい人には向いていない。

「1＋1の答えは2ではない。空間として考えられる」と加藤は言う。

美学芸術学科では、柔軟な考え方が必要になるのだ。アートに正解はない。この学科は、そんな世界で生きていくための入口なのかもしれない。

答えてくれた人

加藤杏奈さん

1992年生まれ。和歌山県出身。同志社香里高校卒業後、同志社大学文学部美学芸術学科へ入学。専門は美学芸術。趣味はギャラリー巡り、旅行、スポーツ観戦。将来の夢は、アートに関わる仕事に就くこと。

文学部 文化史学科

歴史好きが集まる学科で社会科教諭の素養を育んだ

馬場《ばば》 幸平《こうへい》

文　・藤井三裕紀
撮影・藤井三裕紀

願書提出の時点でコース決定

「高校の頃から日本史が好きだったので、この学科を選んだのは自然な流れだった」。

馬場は入学前をこう振り返る。

文学部にある文化史学科は一言でいえば「歴史好きが集まる学科」だ。馬場も例にもれず、子どものころから歴史が大好きで得意科目だった。

文化史学科は、日本史と西洋史の二つに分かれる。この専攻は、願書提出の時点で選ぶ。馬場は、迷わず日本史コースを選択した。

学科全体の人数は一学年１５０人。日本史・世界史選択の割合は毎年多少変動するが、おおよそ半数ずつになるという。

入学すると、自分と異なる専攻の生徒と触れ合う機会は少なく、会う機会といえば必修の語学の授業ぐらいだ。

日本史と世界史各コースは約70～80人程度、多すぎもせず少なすぎもせず、友達は作りやすい。男女比は毎年大体6対4の割合で、女子が多い。

「女子が多くなりがちな文学部のなかでは、男女バランスが保てている学科なんです」と馬場は話す。

先生との距離が近いことも、文化史学科の特徴の一つである。馬場は、この学科の長所として「先生と1対1で話せる時間が比較的長いこと」を挙げている。

深く広く歴史をとらえる

同じ歴史が題材ではあるものの、大学では「歴史学」、高校で学んだ内容と一味も二味も違う。高校の歴史の授業では、主な史実を時間軸に沿ってたどっていき、古代から現代までの時代の流れをつかむことが目的だった。

歴史学とは「歴史研究」だ。歴史研究では、大学受験のときのように史上の出来事をそのまま丸暗記したりはしない。当時の文献にあたり、経緯をひもとき、因果関係を追究する。

「『〇〇年にこの事件が起こった』という事実だけを知って終わるのは、高校の授業まで。歴史学では、その出来事を一つずつピックアップして、誰がどんな役割を演じていたのか追いかける。それまでまったく関係ないと思っていた別の歴史的事件が、知られざるところでつながっていたとわかって、驚くことも少なくありません」。

そんな文化史学科の醍醐味を味わうのに最もふさわしい、と馬場が推薦するのは北康宏准教授の「日本文化史概説」だ。北教授の専門は日本古代史・文化史。7限（20時10分～21時40分）という夜遅い時間帯にもかかわらず、受講する生徒は多く、皆しっかりと出席する。それくらい、「北先生の話は面白い」と人気なのだ。

「この日本文化史概説は、教員の免許を取得するなら必ず取ることになります。日本史の教員志望の人は楽しみにしておくといいですよ。一般書を読んでわかることとはまったく違います。北先生が自分で調べて教えてくださっているのが、よくわかる。『へぇー』と感じることの連続ですから」と馬場は太鼓判を押す。

馬場が選んだとき、日本史コースで開講されるゼミは8つだった。大学の後半2年間を費やして研究するため、学生はみなゼミ選びに慎重になる。

「1、2年生の間に、必修と選択の授業で、歴史の全体像をいろんな角度から勉強します。その2年間で、自分が研究したい領域を見つけることができると思いますよ」。

また、文化史学科がすばらしいのはゼミを選ぶときに選考がなく、必ず第一希望が通る点だ。他の学科では成績をふまえた選考が行われて、第三希望のゼミにさえ入れない人もいる。これは、他学部生もうらやむ状況と言えよう。

ふくらむ社会科教員の夢

馬場は、小学生の頃から「出会った先生に恵まれていた」と話す。彼の将来の夢は、社会科の教員だ。しかし教育の単科大学へ進まなかったのには理由がある。

「総合大学のほうが、いろいろな人がいるだろうと思いました。たくさんの学部があって、様々なカラーの人がいるほうが影響も受けられるし、面白い」。

また、馬場は課外活動にも積極的に参加した。テニスサークルの「ダブルフォルト」を通じてたくさんの人と出会った。いろんな価値観に出会えたことはもちろん、サークルでできたコミュニティの居心地は、馬場にとってかけがえがないものだ。

文学部の学生は、全体的に教員免許を取得する傾向が強い。そんななか「社会科の教員になるために、この学科に入ってよかったと思う」と馬場は断言する。

「歴史学の勉強を通じて、ひとつの物事を多面的に見つめる癖がついたように感じています。僕たちが知っている歴史上の事件は、起こった経緯も単純なものではないことがほとんどです」。

たとえば明治維新一つをとっても、尊皇派、攘夷派、幕府、商人、庶民など、関わる立場それぞれにとってメリットがあり、主張があった。いろんな立場に目配りするのも、歴史学だ。

歴史学を学んだ馬場は、生徒一人ひとりの意見に耳を傾ける教師として、クラスを舵取りしていくことだろう。このところの学習指導要領で重視される、いわゆる「生徒の〝生きる力〟育成」に大きく貢献する教師になるかもしれない。

なにより、文化史学科で深めた知識をもとに、馬場が情熱をもって日本史を伝えてくれることは間違いない。そんな馬場に教わった生徒たちは、また次の世代に、歴史をひもとく素晴らしさを伝えていってくれるだろう。

答えてくれた人

馬場幸平さん

1990年、兵庫県生まれ。私立須磨学園を卒業後、同志社大学文学部文化史学科へ進み、日本史コースを専攻。趣味はカラオケ、読書。将来の夢は教師になること。

文学部
国文学科

日本語を学んで言葉に敏感になる

小林《こばやし》 夕希子《ゆきこ》

文　・堀　大輝
取材・北田成実
撮影・北田成実

京田辺キャンパスに憧れて

小林は、中学生のとき、同志社大学に憧れを抱いた。たまたま車で京田辺キャンパスの前を通ったときに、同志社大生と広い構内を見かけて、「将来自分もここで勉強したい」と思った。

そうして、小林は系列校の同志社国際高校に進学。英語が得意だった小林が、国文学科を志す転機が訪れる。

「英語と国語、どちらも好きだったのは、言葉に興味をもっていたから。そんななか高校で、国語を担当する、青木先生に出会いました。青木先生の授業を通じて、英語にはない、日本語の比喩表現の多様性と語彙の豊富さという魅力に気づきました。みるみるうちに、国語が面白くなっていったのです」。

そうして、小林は国文学科を選んだ。文学部があるのは憧れた田辺ではなく、今出川キャンパスだったことなんて、少しも気にならなかった。

「国文学科には、文学部のほかの学科よりも、これがやりたいという意思の明確な、ストイックな子が多い印象です」。

そんなクラスメートたちとの日々の勉強に、やりがいを感じる、と小林は話す。

「意思の強い友人たちから刺激され、未知の分野について知ることができるのが楽しいです」。

その一方で、国文学科なりの難しさを小林は感じている。国文学科では文学はもちろん、日本語についても学ぶ。国文学科の教授陣のなかには、辞書の編纂に携わる先生もいる。当然日本語には厳しくなる。提出するレポートでは、内容以前に、日本語の不備を指摘されて突っ返されることも少なくない。

「卒論の発表中に日本語の意味や使い方を指摘されて、動転してしまい、発表内容が頭から吹き飛んでしまったこともありました」。

内容はもちろん、日本語の使い方や、文法、意味を総合的に指導してもらえるのも国文学科ならではではないだろうか。

本物を見る、新しいものに出会う

国文学科の授業のなかで、特に小林が面白かったと語ってくれたのが「日本語学概論」だ。

日本語学概論は、他学部からの受講生も多い。単位がとりやすいから、というのが理由ではない。授業では言葉の由来や、日本全国の方言について、身近な言葉について学ぶ。

「最近、テレビで地方の方言の違いや、日本語の由来をクイズにした番組を、よく見かけますよね。ああいった番組に取り上げられそうなテーマを授業で聞けるのは、同志社広しといえども珍しいと思います」。

さらに、小林は国文学科には斬新な授業があると続ける。

「日本近世文学を研究テーマにしている山田和人教授の授業では、実際に歌舞伎や文楽を観劇することもあります。本物を見ることができたのは、かけがえのない経験でした」。

「新しいものに出会う」魅力を感じているのは、小林だけではないだろう。

「国文学科では、ある文学作品なら文学作品を、作家なら作家を、一つの分野を一生懸命勉強するんです。それは就職活動においても、きちんと掘り下げる力をアピールできる。これは強みだと感じています」。

また文学部では教職免許の取得が卒業単位に含まれる。小林は、教職の授業からも学ぶことは大きかったという。

「はじめは教師になりたいから受けていました。受けるにつれて、今まで教えて下さっていた先生の気持ち、生徒の前に立つ責任感に思い至るようになりました。そして、介護実習や教育実習では、度胸がつきました。今では人前に立つことに臆することはありません」。

部活動と勉強の両立

大学に入学して、小林が新たに出会ったスポーツがある。ラクロスだ。

ラクロスというスポーツをご存知だろうか？　網のついたスティックでボールを奪い合う。男子は防具、女子はマウスピースを着用してプレーする。その語感がもつ優雅さとは相反して、きわめてハードなスポーツだ。

小林は初めてラクロスの試合を見て、とりこになった。そして、その興奮をもっと間近で見られる方法に出会った。

体育会系の部活動を学内に向けて広報する、同志社スポーツアトム編集局に入部し、ラクロス担当になったのだ。

「部活動で自分が好きなラクロスと関われてよかったです。それに学校での勉強もきちんとできたし、バイトもできました。充実した時間を過ごすことができました」。

小林は同志社スポーツアトム編集局でラクロス部に加え自動車部を担当し、3年生の終わりまで取材に飛び回った。

「国文学科であることが、アトムで直接的に役立ってはいない、と自分では思っています。でも後輩の子からは『文法のまちがいを細かく指摘された』と思われているかもしれません。これは国文学科出身である以上、先生方に鍛えられているから、日本語についてはどうしても気になってしまうんですよね」と小林は笑う。

小林は大学卒業後、スポーツ用品を扱う会社に入社が決まっている。

小林が大学の4年間をかけて真摯に向き合った日本語は、一生使い続けるものだ。そして「掘り下げる力」は、学科の勉強でも部活動でも存分に生かされた。晴れて社会人となった小林の、今後の活躍が楽しみである。

答えてくれた人
小林夕希子さん

1991年生まれ。同志社国際高校出身。読書とスポーツ観戦が趣味で、スポーツ好きなことから、大学では同志社スポーツアトム編集局に所属していた。

社会学部
社会学科

現実を題材にした学問で
家族、災害、労働……問題を見つめる

大場《おおば》 達也《たつや》

文　・鈴木芙実
撮影・鈴木芙実

社会学の題材は「現実」だった

「やりたいことがなかったから、とにかくいろんなことを学びたかった。そのときに、いちばん広い分野を扱っていそうな学部はどこかなあと」。

高校生の大場が、社会学部社会学科を選んだ理由は漠然としていた。入学後、この選択は正しかったことがわかる。

「とにかく勉強が楽しかったんです」。

もっとも、授業が始まった当初は「なんなんだ？この学部は」と思ったそうだ。確かに、社会学の守備範囲は広いぶん、つかみどころがないところがある。入学後しばらく、大場はよくわからないままに授業を受けていた。

だが季節が進むにつれて、大場は勉強にのめりこむようになる。大場の探究心に火をつけたのは、実習とゼミを担当する２人の先生だという。

実習の先生は立木茂雄教授だ。災害社会学や家族社会学の授業を担当している。現実の問題に即した調査を行っている。

立木教授のカリキュラムのうち、大場の心に最も鮮烈な印象を残したのが、「家族社会学」で知った家族内のメカニズムだ。親子関係では、母親と子どものケンカはつきもの。誰だって心当たりがあるだろう。

立木教授の授業では、実在の家庭を撮影したビデオを題材に、なぜ親子ゲンカが続くのかを掘り下げる。

たとえば、「ああ言えばこう言う」という慣用句がある。母親の意見に対して、子どもが理屈をこねてしたがわない。よく見かける光景だ。

実は社会学ではこの状況が、親子の互いの緊張感を高めるのに効果があると証明されているそうだ。思い当たるところがあるのだろう、大場は「大変納得した」と話す。

また、家族内のメカニズムの研究では、父・母・子どもの関係はどうあるべきで、どのような関係が望ましいのかも取り上げる。この授業でも、大場には新たな発見があった。

立木教授の家族社会学は、単位がとりにくいことでも知られる。そんななか、大場は最高位の評価を獲得。「テスト対策すら楽しかったです」と大場は話す。

専門家の指導を仰げるメリット

大場に大きな影響を与えた2人目は、ゼミを担当する藤本昌代教授である。

藤本教授は仕事に関する社会学を研究している。労働者の雇用形態が社会でどのように変化しているのか？ 組織に積極的に関わる人が、社会へ与える影響とは？ 会社の上司の種類はどう分類できるのか？ 社会という装置について、労働から切り込む研究者だ。

「藤本先生のゼミ生全員で、鹿児島へ旅行したとき、学生たちは滝に打たれる体験をしました。すると、なんと藤本先生もみんなと一緒に、滝に入ってくださったんです」。

びっくりしたし、一体感が生まれてうれしかったと大場は話す。藤本教授のユニークさが伝わってくるエピソードだ。

大場の卒業論文のテーマは、ワークモチベーション。仕事をする上で、人を仕事に向かわせる力の研究だ。モチベーション（人間を活動に向わせる動機づけ）は藤本教授の専門分野であるため、細部にわたっての指摘と指導が多い。自分の知識不足に、われながらあきれたこともあった。

「でもその分、学べることも多いです。それは非常に嬉しいです」。

社会学科の人数は一学年70人程度。学年300人の英文学科と比べると、ずいぶん少ない。ゼミの人数も10人前後。驚くことに、学生数がたった3人のゼミもある。

人数が少ないため、先生とのつながりは抜群だ。距離が近い分、ちょっとした疑問はすぐに解決できる。最高の環境だ。

社会のポイントがわかるようになる

社会学科では、大学卒業後、ほとんどの人が就職を選ぶ。商社や小売業、保険会社など有名企業に就職した先輩も多い。

社会学科を選ぶ際に、注意点が一つある。

「教師を目指す人は、社会学部には来ないいんじゃないかな」。社会科の教師を志望する人は、大場の周りには一人もいないという。なお社会科の教員免許が取れないわけではないが、履習は容易でないため、取得する人は少ない。

大場は「建前抜きで、社会学に出会えたのは本当によかった満足しています」と話す。

「社会のポイントが理解しやすくなった。不条理を感じなくなった。そして、自分自身の考え方も変化しました」。

ちなみに、気になる単位の取得についても聞いてみた。大場によれば、「全体的に、単位をとるのもイージーですよ」とのこと。しかし、勉強熱心な大場の意見を鵜呑みにするのは、早計というものだろう。

最後に、大場には一つ、心残りがあるという。

「もっと早くから勉強に本腰を入れればよかったです。大学に入学してすぐに、勉強の楽しさに気づくことができていたならば、もっと自分の可能性は広がったはず」と、大場は振り返る。

とはいえ、なにをしたいのかもわからないままに、「とりあえず大学に進学してみた」高校生の大場。そんな彼が、とても充実した大学生活を送っているのは大きな変化だといえる。

大学に求めるものは、人によって違うことだろう。なにを学びたいかまだ明確ではない、そんな人を包容して、新たな価値観に気付かせてくれるのは、もしかしたらこの社会学部社会学科なのかもしれない。

答えてくれた人
大場達也さん

1991年生まれ。兵庫県出身。県立北須磨高等学校卒業後、同志社大学社会学部社会学科へ入学。長所は前向きさや粘り強さ。

社会学部
社会福祉学科

実習で現場に赴いて、助けたい人の「顔」が見えてきた

東口《ひがしぐち》 奈央《なお》

文　・鈴木芙実
撮影・鈴木芙実

病院に携わる仕事につきたくて

開口一番「同志社大学を選んだのは、大学のブランドに魅かれたから」と東口は話す。学科も「なんとなく選んだ」と言う。

だが入学してわかったのは、「なんとなく」決めたつもりだったのに、実は自分がやりたい仕事にいちばん近かったという事実だ。

もともと看護師になりたいと思っていた東口。しかし文系学部に進学したため、その夢をあきらめた。その後大学で、社会福祉士という職業にたどりついた。

「少しでも病院に携わる職に就きたい、という気持ちがどこかにありました」。

さて、社会福祉学科と聞いて、「介護者になるための知識を学ぶ」といった授業内容をイメージする人が多いのではないだろうか。入学したばかりの東口がまさにそうだった。

だが勉強を始めると違った。実際は、「対人援助」だったと、東口は話す。

「生活していく上での不安を取り除いていくことが社会福祉だと知りました。お金がない、仕事がない。そんな生活の不安に寄りそうことで、一緒に解決していくのが、社会福祉なんです」。

社会福祉にはさまざまな分野があるが、主要なのは児童、障碍者、高齢者、医療福祉の４つだ。そのなかから東口は医療福祉を選択し、主に勉強してきた。

社会福祉士と精神保健福祉士

社会福祉学科で取得できる資格は複数ある。そのうち国家資格は２つで、社会福祉士と精神保健福祉士。いずれも実習が必要だ。東口は両方とも取得することに決めた。

３年生のときの社会福祉士の実習では兵庫県内の病院に行った。そこで彼女が気づいたことがある。それは、病院に勤めると、治療が終われば患者との関係が終わってしまう事実だ。

社会福祉士と患者の関係は退院後も続く。治療が終わった後、患者を待っているのは治療に必要だったお金の支払いや、退院後の生活だ。

漠然と「病院に携わる仕事につきたい」と思っ

ていた東口に、病院勤めの看護師がケアしきれない領域が見えてきた。

「患者さんが退院していきなり、今まで一人でできていたことができるとは限らないですよね。そういう人たちは、病院を離れた後も、助けを必要としていると知りました」。

相手の悩みを理解し、解決する方策を一緒に考え、実行するのが社会福祉士だ。たとえば、一人ひとりのニーズに合った福祉施設を探すのも仕事のうちだ。患者や医者の知らない情報を提供する。「やりがいのある仕事です」と彼女は答える。

そして、精神保健福祉士の実習に行ったのは、4年の夏休みだった。このとき、東口は生まれて初めて精神障碍者の支援施設に足を踏み入れた。

大学へ入る前までは精神に疾患をもつ人との接点がなく、知識もなかった。未知ゆえに、最初は障碍者を「こわい」と感じた。しかし、その現場を知るにつけ、「もっと彼らのことを知りたい」と思うように変わっていった。障碍がある人たちのもつ不安を取り除くために、自分は何ができるのか？　それを考えさせられた実習だった。

「普段の生活のなかでは、気づきにくいことに気づけた。それが実習で学べてよかった」と話す。大学生という心のやわらかい時期での資格の取得には、「就職に有利」といった目先の意味だけではない、長所があるのだろう。

狭き門を通り抜けるために

前述したように、社会福祉士と精神保健福祉士は国家資格だ。筆記試験がある2つの資格の取得の難しさは、合格率に歴然と表れる。

毎年1月に行われる社会福祉士の試験。2013年の合格率は18・8％だ。受験者数42841人に対し、合格者数は8058人。例年30％を超えることはないが、2013年は特に低かった。この数字から、そう簡単に取得できるものではないことがわかる。

一方で精神保健福祉士の合格率は56・9％。数字だけを見れば受かりやすいと感じるかもしれない。だが専門性の高いこの資格を受験する人が少ない面もある。受験者数7144人に対し、合格者数は4062人だ。

東口は現在大学4年。卒業後は、専門職として病院に内定をもらっている。しかし、2014年1月に行われる国家試験に受からなければ内定は取り消しだ。合格率を考えると、4年になっても勉強は欠かせない。

なお、学科全体の話をしておくと、社会福祉学科の卒業にこれらの国家資格が必要なわけではない。卒業生の就職先で最も多いのが、一般企業。その次に、福祉関係の職種（病院や介護福祉施設、特別支援学校）が続く。

大学生活、唯一の後悔

東口は、4年間、資格取得のために努力してきた。資格取得に必要でない授業も区別せず、勉学に励んできた。卒業を控えて、後悔が一つだけあるという。

「もっとボランティア活動に参加するべきだったと思っています。自分自身、実習を経て気づいたことが多かった。価値観や考え方も変化した。もっと積極的にボランティアをしていたら、関心や興味、ひいては自分の選択肢も広がったんじゃないかなと思っています」。

卒業前にはいろんな思いがよぎるものだ。社会福祉学科で得た気づきを活かして、東口が社会人として活躍することはまちがいない。

答えてくれた人
東口奈央さん

1990年生まれ。兵庫県出身。県立北摂三田高等学校卒業後、同志社大学社会学部社会福祉学科に進学。目の前の人、一人ひとりに寄り添える存在になれるような社会福祉士を目指す。

社会学部
メディア学科

高校野球のリポーターを機に
「伝える面白さ」を追いかける

吉田《よしだ》 桃華《ももか》

文　・宮古佳奈
取材・北田成実
撮影・北田成実

「発信する側」を体験したから

社会学部メディア学科。この「メディア」、直訳すると「媒体」「手段」という意味だ。新聞やテレビ、雑誌といったマスメディアをはじめ、人々に対して働きかけるメディア全般について研究するのが、この学科だ。

私たちがメディアに触れない日はないし、好きな芸能人や憧れのスポーツ選手の情報には、誰もが大なり小なり関心をもっているだろう。ただ、吉田がメディアについて勉強したいと志したのは、そういった流行が入り口ではない。高校生のときに「発信する側」を経験したのだ。

奈良県出身の吉田は、高校3年間を通じて、夏の高校野球の学生リポーターを務めた。毎年、奈良のテレビ局は、県の予選大会を中継している。その番組で、県内の放送部女子部員の代表として、吉田は応援席でマイクを持ち、監督や選手、その親に取材する役割を担った。

「自ら取材して、テレビの前の視聴者に情報を伝えていくことが、すごく面白かったんです」。

そうして、京都という土地柄がもつ独特な雰囲気にも惹かれていた吉田は、同志社大学社会学部メディア学科への進学を決める。

1年で始まる、流動性の高いゼミ

メディア学科では、「1年は『ぱんきょう（一般教養）学部』」と呼ばれるほど、選択科目が少ない。1年目はみな、ほぼ同じ授業を受ける。

「学年の人数が100人に満たないから、みんな顔見知りです。気が合う友達も見つけやすいですよ。1、2年は一斉に授業を受ける機会が多いから、いちばん学生っぽい時期かもしれません」。

1、2年のうちに単位を稼いでおけば、学年が上がるにつれて、時間割は楽になる。4年生になると、授業はゼミだけという学生も少なくない。

「単位を取るのは、そんなに難しくありませんよ。メディア学科は、サークルなど勉強以外にやりたいことがある人には、いいカリキュラムが組まれていると思います。学年が上がるにつれて、クラスの友達と会う機会が減っちゃうのはちょっと寂しいですけどね」と吉田は話す。

メディア学科では1年でゼミが始まるのが大きな特徴だ。教授はかつて新聞社や広告代理店、テレビ局といったマスコミの現場で働いていた人が大半で、その経験を生かした授業が展開される。

また「1年生」「2年生」「3、4年生」と、区切りに応じて、ゼミの変更が可能なのも他学科にはない特徴だ。最大3人の教授に師事できる。もちろん一人一人の教授の下で、研究テーマを掘り下げるのも自由だ。

吉田は、1年生のゼミでは「テレビの情報操作ややらせといった放送倫理」、2年生では「メディアとジェンダーの関係」、3、4年生では「新聞ジャーナリズム」を選択した。

個性豊かな教授の指導を受けることは、マスコミ志望の学生にとっては貴重だ。また、メディア学科の授業は、他学部の学生からも人気が高く履修者も多い。

メディア学科で吉田が勧める授業は2つある。

まずは渡辺武達教授が担当する「京都メディアの発信戦略と地域貢献」だ。毎回、京都府災害対策本部で働く人や出版社の社長、映画館の支配人といったゲストが話をする。

「メディアといっても、マスに限らず、いろんな情報発信があるということがわかります。なによりその道で働く人の話を直接聞くことは、学生にとっても大きな刺激となります」。

そして、勝野宏史教授の担当する「外国書講読」。これは、メディア論について書かれている外国の書物を読み進めていく授業だ。

「英語力の向上につながるのはもちろん、海外でのメディア論、カルチャー論について学ぶことができます。メディアと英語の勉強が同時にできる、一石二鳥の授業です」。

吉田はメディア学部での授業を振り返る。

「私たちはたとえばニュースで『○○という事件がありました』と言われれば、疑いもせずに簡単に信じてしまいますよね。でもメディアについて勉強したことで、報道の裏側について思いをめぐらせるようになりました」。

放送局と環境イベント、充実の課外活動

在学中の4年間、吉田は課外活動にも力を入れ

た。メディアに関心がある吉田にとって、授業が座学なら、課外活動は実践だ。

吉田が所属していた活動は、大きく２つある。大学１、２年生の時には学生放送局に所属した。「高校時代にリポーターをやったときに、自分のつたない話し方がもどかしかった。もっと上手にしゃべれるようになりたかったんです」。

学生放送局では、発声練習や口言葉、ニュース原稿読みといった、アナウンサーの基礎となる練習をした。また、短い映像番組の制作にも携わったという。

また、吉田は２年生のときに、２０１２年12月に京都で行われた環境イベント「未来エキスポ」に参加した。

「１９９７年に締結された気候変動に関する国際連合枠組条約の京都議定書では、先進国が中心となって温室効果ガス排出の抑制を定めました。２０１２年12月に京都議定書の第一約束期間が切れたのですが、達成できていません。未来エキスポは、そんな状況に危機を感じて、１００年後の未来を考えようと発信する試みでした」。

こういったイベントというメディアでの情報発信も、吉田にとって学ぶことが多かった。

将来、吉田はマスコミ関連での就職を希望している。マイクを握る吉田の姿をテレビで見かける日は、さほど遠くないのかもしれない。

答えてくれた人

吉田桃華さん

１９９１年生まれ。奈良県出身。趣味は散歩と森林浴。現在は芸能プロダクションの有限会社スターヒルに所属している。

社会学部 産業関係学科

毎週のレポート提出で鍛えた文章力は就職活動にも役立つ、一生ものの財産

奥宮《おくみや》 隆太《りゅうた》

文　・鈴木芙実
撮影・鈴木芙実

安定した仕事を探すために

「社会学部産業関係学科では将来につながる勉強ができる」。そう確信し、奥宮は入学を決めた。彼の「将来につながる」とは、「安定した職に就く」ことを指す。

「安定した職に就いて、浪人した分、親孝行をしたい」。これが奥宮の願いだ。

凡人ならば「だったら資格試験をとれる学部に行こう」などと思いつきそうなところだ。しかし奥村の発想は非凡だった。

「安定した職を探すには、将来自分が働く労働環境を知る必要がある」。

そう考えた奥宮は、労働を研究する社会学部産業関係学科で学ぶ必要性を感じたのだった。

さて、この学科では労働を題材に、さまざまな角度から講義を行う。

たとえば労働賃金や労働問題。今現在、日本で問題となっている過労死や65歳での退職制度の見直し。以前は特に興味がなかった分野だ。

「学んでいくにつれて勉強の楽しさを感じました。授業で見聞きするうちに、自然に知識となって、日常生活で使える教養が増えた。新聞を読んでも、社会の現状を理解しやすくなりました」。

４年間の勉強で痛感したのは、女性にとって働きやすい環境が日本社会には少ない現状だ。男女平等とうたわれている現在の日本社会であるが、実際は平等ではないと気づいた。男性に比べたら女性は就職口も少ない。また、結婚したら仕事を辞めてしまうことが多い。これは、育児や保育制度の不備などの理由が挙げられる。

「自分一人でいきなり社会を変えることはむずかしい。でも、意識することはその第一歩。少しでもいい方向に変わっていければいい」と奥宮は語った。

レポート提出で実力がついた

産業関係学科の１年生の必修では、戦後から現在にかけての労働に関する歴史を学ぶ。そして、２年生から現代の労働について学習し、３年生からはテーマを絞ってさらに深く掘り下げていく。このような段階を踏んだ勉強をすることで、次第に知識が身につくようになる。

石田光男教授の賃金に関する授業が、奥宮の記憶には鮮明に残っている。石田教授の専門は、雇用関係の国際比較。授業内容は大変難しいものだったが、ためになったという。予習・復習のために図書館で本を借りて授業に臨んだこともあった。「勉強しないと単位が取れない科目ですが、勉強のしがいがありますよ」と、奥宮は話す。

他学科では心理学や社会学、文学といった一般教養が多いが、専門性が高い授業が多い産業関係学科は一般教養科目の履修の必要がないのも特徴だ。卒業に必要な単位は、学科の科目の履修で取れてしまう。

うわさによると、産業関係学科は同志社大学の全学科の中で一番レポートの数が多いそうだ。

「1年生のときには週に1回、2~3000文字のレポートを提出していました。これがキツかったんです」。

だが、書いて終わりではない。先生による丁寧な添削を添えたレポートが、返却されるのだ。そのため、自然に文章力がつく。また、期末テストでは論述形式が多く、そこではレポートの力が発揮することができるそう。好んで提出していた訳ではないレポートであったが、最終的には奥宮の力になったことは間違いない。

レポートの課題は、ゲストスピーカーによる講義内容をまとめ、自分の考察を書くものが多かったという。ゲストにはトヨタやイオンといった、大企業の人事部長を迎えた。大変な課題ではあったが、貴重な機会だった。

奥宮にとって印象的だったレポート課題は、親の職業についての聞き取り調査だ。「昇給するためにはどうすればいいのか」「労働組合はどうなっているのか」「給料はどのくらいなのか」。普段、面と向かって聞くことのない話を、親とできたのが新鮮だった。

総決算としての就職活動

「将来のために、安定した職に就きたい」と考えて進学先を決めた奥宮。彼にとって就職活動は、これまでの成果を発揮する、総決算の場だった。まずは業界の見極めが必要になる。どの業界が栄え、衰退していくのか。

昨今の就職活動では、学生は募集企業に対して、エントリーシートと呼ばれる応募書類を提出するのが一般的だ。このエントリーシートの記入では、これまで学科で鍛えられてきたレポート能力を活かすことができた。

採用試験の面接では、労働問題、自治問題、賃金など、培ってきた労働についての知識を話したそうだ。

「もしかしたら、経済学部や商学部の学生であれば知っている内容かもしれません。でも、労働についてどの学部よりも深く学んできた自信が、裏付けになりました」。

全力で挑んだ結果、奥宮の就職先は銀行に決まった。

ここで私が書きたいのは、産業関係学科に入れば誰もが望み通りの就職先が見つかる、という話ではない。重要なのは、個人の学ぶ姿勢だ。課題が多く、やるべきことが示された学科であるからこそ、それぞれのやる気が重要になる。

課題に真摯に取り組んだ結果、奥宮は就職という次のステップに進んだ。大企業で奥宮がどんな配属になるかはわからない。ただ、この産業関係学科で得た知識を活かし、誰にとっても労働しやすい社会になるよう、はたらきかけていくことは間違いないだろう。

答えてくれた人

奥宮隆太さん

1990年生まれ。兵庫県出身。私立関西大倉高等学校を経て、同志社大学社会学部産業関係学科へ入学。趣味はバスケットボールで、サークルの会長を務めた。将来の夢は、海外でも活躍する人材になること。

社会学部
教育文化学科

恩師、学部やサークル。出会いで引き出しが広がる

乾《いぬい》 梨花《りか》

文　・北田成実
撮影・北田成実

恩師との出会いで教師を目指す

「教師になりたい」。

乾がこの夢を抱き始めたのは中学生の頃だった。当時、彼女は社会科が苦手で、歴史も公民も授業が苦痛だったという。

しかし、中学一年のときの社会科担当教諭がそんな彼女を変えた。いろいろな資料や豆知識、最新のニュースを紹介しながら授業は進む。

「歴史上の出来事にはそれぞれに意味があることや、時代背景とのつながりを教えてくださるのが上手な先生でした。用語や年代の丸暗記だけじゃない社会科に惹きつけられました」。

教え方次第で、学科の魅力はこれほど引き出せるのかと乾は感銘を受けた。「私も先生のように、誰にでもとっつきやすい社会科を教えたい」と思うようになるのに時間はかからなかった。高校に進んでもその思いが変わることはなく、乾は同志社の社会学部教育文化学科への進学を決めた。

教育文化学科は一般的に「学校の教員を目指す人ばかりが集まる」と思われがちだ。しかし実際はそうではない。同志社の教育文化学科では、異文化や社会的な歴史背景をふまえた上で、さまざまな視点から教育の役割についてのアプローチを行う。そのため幅広い意味での「教育」に関心を持った学生が多く在籍しているのが特徴だ。

もちろん教員を目指す学生もいる。教育文化学科で取得できる教員免許は中学の社会科や高校の地理歴史科・公民科。

学科の人数は70人。入学当初はその半数が教職を受講するという。しかし、最終的に免許を取得するのは15人。その中でも実際に教員の採用試験を受けるのは、わずか5人と少ない。

「教職は単位数が多くて授業が大変。結局みんなリタイアしてしまうんです」。

確かに教職免許を取るとなると、教育実習以外にも、事前授業や介護実習もあり忙しい。だが、「きついという理由であきらめるのはもったいない。途中で投げ出したら負けだと思った」と乾は話す。彼女のような、教員への強い思いと根性があれば教職は取れるのだ。

教員を志す人であれば、教育系の単科大学への進学ももちろん考えるだろう。しかし、総合大学である同志社でこそ学べるものもあると乾は語る。

「いろんな人に出会いながら、教員免許を取得できるのが同志社の強み。これも一つの社会経験だと思う」。

乾は大学4年間、テニスサークルに所属した。

「学科の友達は個性的でおもしろい。仲がいいです。それに加えて、サークルに入ったことで自分とはまったく違うことを学ぶ人と出会えたし、一生の友人ができた」。

多くの人と出会えるのは、総合大学の同志社ならではだろう。

新しい歴史の視点を手に入れる

教育文化学科での4年を通じて、彼女がおすすめするのは、吉田亮教授のキリスト教教育文化論だ。アメリカの歴史において、キリスト教がどのように社会形成に関わり影響を与えたのか、解説していく。

「歴史を動かしていたのは一般人。いまや教科書に載って歴史的に有名になっている出来事も、知られざる人物や団体ががんばって、世の中が動いていたのだとわかった」。

高校では習ってこなかった、新たな「社会史の視点」を吉田先生の授業で得られたという。

また、3年次から始まるゼミで、彼女は西洋教育史を研究する越水雄二准教授の教えを乞うことを選択した。

「講義は大変だけど、面倒見がよく私たちの相談事を親身になって聞いてくれる越水先生がとても好きです」。

乾は、学生のことを思う温かい人柄の教授の下で学ぶ楽しさや喜びを感じている。

教育文化学科で得たものはこれだけではない。2年生の時、乾は学科主催の海外研修に参加する。研修までの期間に事前指導を受け、教授たちと一緒に上海や台湾の大学を訪問。そこで現地の学生と交流した。

「現地に行ってみて、自分の目で見て知ることの重要性を感じました。これまで日本に興味があったけど、海外にも視野が開けました」。

そして春、社会科教師に

乾が3年になり迎えた12月、就職活動を始める学生がぐっと増えた。同世代の学生はもちろん、教育文化学科の友人たちは企業に行き説明会に参加していく。

そんななか、彼女は奈良県の教員志望者が集まる「ディア・ティーチャー・プログラム」というインターン（学生向けの就業体験）に秋から参加。約1年間通った。

「周りの人が、続々と就職先を決めていく。自分も、自己分析や面接がある就職活動をやってみたらよかったかな、って思わないわけではありません。でも教師という、ブレない夢があったから、就活をしないことに不安はなかった」。

実習では実際に授業をし、現場で働く教師に評価してもらうことで成長。長期にわたる彼女の努力の結果、2013年9月、ついに彼女の夢が叶い、奈良県の社会科教師に採用された。

「自分の進む道に迷う人は、ぜひ総合大学の同志社に来てほしい。いろんな人に出会って、視野を広げてから将来を決めても、遅くありません」。

学科とテニスサークルとで、多くの仲間から刺激を受け、さまざまな価値観を知った。乾が4年間で得たこの強みは、これから始まる教師生活で存分に活かされていくだろう。

答えてくれた人
乾　梨花さん

1991年生まれ。奈良県出身。四天王寺高校卒業後、同志社大学社会学部教育文化学科へ入学。在学中に教員免許を取得し、現在教師として働いている。将来の夢は、海外で生活をすること。

法学部
法律学科

法律という武器を活かして世の中の役に立ちたい

三《み》村《むら》 久《く》美《み》子《こ》

文　・藤井三裕紀
撮影・藤井三裕紀

法律のもつ柔軟性に魅了されて

同志社大学のなかで、最も高い偏差値を保ち続ける学科の一つである。それゆえ「試験が難しい」「法法（法学部法律学科の略）に入ると暗記ばかりさせられる」というイメージがある。実際、三村も入学前に似た話を聞いた。

そんな骨太の学部をなぜ選んだのか。高校時代の三村には将来の目標がまだ見えておらず、進路選びには彼女なりの心積もりがあった。

「漠然と『社会の役に立てる人材になりたい』という気持ちだけがありました。どんな仕事をしたいかはいずれわかると思ったので、やりたいことが見つかったときに使える武器を持っておきたいなあと。そう考えたときに、法律はどう生活しても誰にでも必ず関わってくる。だから、4年間かけてじっくり勉強してみようと思って、法学部法律学科を目指しました」。

高校の頃から学ぶことが好きだった三村は、ハードな勉強は苦にならないと思った。

入学して勉強を始めてみると、法律に対するイメージが変わったと三村は振り返る。

「高校生のときまでは、『絶対こうしないといけない』というお堅い法律があって、いろんな事情を抱える人を邪魔するイメージがありました。でも法律って、そんなふうに人を縛るものでもなければ、明瞭な部分だけでできているわけでもない。たとえば条学んでみて、法律観が変わりました。文に書かれてはいないけれど、『良俗に反するのでダメ』と法律で言えるゾーンもあるんです」。

条文には直接書かれていなくても、自分が深く勉強して、法の真意を深く読み解けば、誰かを救う道が拓けることもある。堅いどころか法律には柔軟性があるではないか。このことを知り、三村は感銘を受けた。

机の上だけの勉強では終わらない

うわさ通りのこともあった。

「テストは、確かに他の文系学部よりも大変かもしれません。期間も長く、毎学期10～15個のテストがありました」。

しかも法律科目の評価対象の大部分は筆記試験

が占める。調べて提出する、レポートテストはない。

そんな法学部の問題はいたってシンプルだ。たとえば問題は「このような場合、どの条文を使えば被害者を助けられるでしょうか？」。学生は、その事件に関して70分間考え抜く。答えは一つではない。人によって使う条文は変わってくる。

「先生が書いてほしい模範解答はもちろんあるとは思いますが、条文を使っていかに自分の答えを導き出すか。そのプロセスを、テストでは見られている気がします」。

憲法、民法、商法、刑法、民事訴訟法、刑事訴訟法……。日本には無数の法律があるが、学部生は一通りの基礎を2年生の春までに学習する。

2年生の秋が始まる前に、パッケージとゼミの選択をする。パッケージでは刑法、民法、行政法といった法律から分野を選び、関連する発展科目を履修していく仕組みだ。ゼミでは先生の直接指導を受けて、専門性を深める。三村が履修したのは刑事法パッケージだ。

そして、法学部のゼミ数は20以上。他の大学の法律学科とディベート対決を恒例とするゼミがあるなど、それぞれ魅力的な特色がある。

三村は少年法を専門としている瀬川晃教授のゼミを選んだ。30人程度のゼミ生とともに研鑽を積んだ。

この瀬川ゼミはユニークな特徴をもつ。模擬裁判を行うのだ。将来裁判官や検察官になりたい人が学ぶ、今出川キャンパスの寒梅館には、裁判所をそっくり再現した模擬法廷がある。そこで半期に一度、チームに分かれ、実際にあった事例を使って裁判をするのだ。

三村が瀬川ゼミを志した理由はそれだけではない。瀬川ゼミでは、刑務所見学を行う。

「はじめは『他のゼミではできない経験だから』という、好奇心もありました。だけど学ぶにつれて、『いま自分が勉強している法律で、裁かれた人たちを見ておかなければいけない』と次第に思うようになったんです」。

受刑者が生活をする舎房、仕事場、風呂場。刑務所内は、想像していたより生活感があったという。週刊誌やトランプ、将棋の台があることも、初めて知った。

もちろん、たった数時間の見学ですべてがわかるわけではない。それでも、受刑者の方々の生活を目で見て肌で感じるべきだ——。

「刑務所に足を運んでからは、冗談でも『悪い奴は死刑だ！』なんて言えなくなりましたね。法律を学びながら、頭のどこかに受刑者の方々がありました。私の人生において貴重な経験でした」。

公平な立場で考える

大日本帝国憲法から日本国憲法へ。時代は変わり、いろんな状況に対応できるように、世の中の人が今よりも幸せになるように、憲法は変わり、法律は改訂を重ねてきた。

お堅いようで実は柔軟。そんな法律のありようは、学ぶ学生にも通ずると三村は話す。

「几帳面で融通がきかない人が、法律を学ぶイメージがあるかもしれません。でも、法律を学んだからこそ、いろんな人の立場に立つことができるようになる。勉強したからこそわかる法律の落とし所をなんとか見つけて、人々を助けようとする。そんな友達が法学部にはたくさんいます」と、三村は仲間を誇らしげに語る。

卒業後、三村は京都府職員として就職した。社会の役に立ちたいという初心を胸に、法律を武器として多くの人を救っていくことだろう。

答えてくれた人

三村久美子さん

1991年、京都府生まれ。同志社高等学校を卒業後、法律学部法律学科へ進学。同志社スポーツアトム編集局に所属し、ソフトテニス部と体操競技部を担当。全国を飛び回り取材をおこなった。卒業後は京都府庁に勤める。

法学部 政治学科

多面的に政治と社会現象を分析、社会を見る目が養われた

山口《やまぐち》 修平《しゅうへい》

文　・中園祐介
撮影・中園祐介

1年のうちに興味を育てる

高校の頃から、メディアは「自分たちにとって都合のいいことばかり伝えている」と感じ、あまり信頼感を持っていなかったと山口は言う。

「政治と社会現象に興味があった。いろいろな事象がどういう原因で起こるのか、自分の頭で考察できるようになりたい」。

そんな思いで、山口は政治学を選んだ。

同志社大学法学部政治学科の一学年の人数は200人ほど。他学科と比べると、必修科目がなくて選択必修が多いのが特徴だ。

授業がばらばらになってしまうため、「ゼミに入るまでは学部の友達が少なかった」と山口は振り返る。「『同法会』や『模擬国連』といった、法学部っぽいサークルには政治学科の学生が多いですよ。学科の友達を作りたい人は、そういうサークルに入るのがいいと思う」。

学科の選択必修科目は、入学してから2年次の春学期まで「政治学入門」、「国際関係入門」をメインに、入門と基礎を重点的に学ぶ。そうして政治学の基礎的な知識と理論を身につけるのだ。

政治学科の選択必修の中で、山口が面白かったと振り返るのは、1年次の秋学期に行われる大矢根聡教授の「国際関係理論」だ。実際に国際関係で起こっている事件について見方を3つほど準備し、それらを検証していく。

「一つの社会現象を、多面的な観点から検討する訓練になりました。この授業で、あらゆる視点で見る大切さを痛感しました」。

他にも印象的な授業は多かった。たとえば西澤由隆教授の「政治参加と選挙」は、選挙に行く大切さや投票行動がよくわかる。「政治学科に入ったなら、一度は受講すべきですね」。

また、森裕城教授の「政党政治論」は、特に現代政治を知りたい人にお勧めだという。

「1年生の間に、広いジャンルの授業を受けておくといい。授業のテーマは幅広い。いろいろ受講したほうが、自分の好みがわかると思います。1年のあいだに、自分が興味をもてて楽しいと思える分野を見つけられたら、2年の秋のゼミ選びは苦労しませんよ」と山口は助言する。

2年で始まる発展科目

2年の秋で政治学科の授業はがらっと変わる。まず、発展科目が始まる。発展科目のジャンルは次の3つだ。政党や行政といった視点から、政治の仕組みを学ぶ現代政治科目。国際政治を学ぶ国際関係科目。各国の政治と思想の変化を学ぶ歴史・思想科目。

山口はある授業で聞いた、先生の言葉が心に残っているそうだ。それは「政治学の理論と、実際に起こっている事実、両面から勉強したほうがいい」というアドバイスだ。

「学科科目で理論と考え方を学ぶと、テレビでニュースを見ても、多面的な視点を意識できます。最近は、メディアの論調に流されずに自分の目でニュースを見られていると思います」。

発展科目の成績評価は、論述式の試験によるものが多い。「講義の流れをしっかりつかんでおいたら、大丈夫。単位は取れます」と、山口は教えてくれた。

そして、2年次の秋にはもう一つの変化がある。ゼミが始まるのだ。ゼミは、毎年15ほど開講され、必ずしも取らなければならないわけではない。その選考は「志望動機書と1年秋までのGPA（成績評価値）で決まる傾向です」とのこと。

山口は、国際関係論を研究している大矢根聡教授のゼミで、シリアの内戦について考察している。

「シリアに限らず、内戦はいろいろな要因が絡み合って起きるものです。背景を調べてそれぞれの立場に立ち、この内戦が各々の立場にどういう風に映っているのかを研究中です」。

また、他のゼミでは近現代の日本の政治思想や、地方自治について研究している。

「ゼミは必修ではないけれど、仲のいい友達ができるし、自分でテーマを選べる。学問の醍醐味が味わえるから、ぜひ入った方がいい」。

人気の就職先は金融とメーカー

政治学科の進路は、金融とメーカーに就職する人が大半だ。他には商社や公務員の職に就く人も一定数はいる。しかし教職を取っている人や、院に進む人はほとんどいないそうだ。

そんななか、山口自身は3年の冬の時点で「さまざまな価値観をもつ人と出会ってみたい」という理由で、取引先が幅広い金融とメーカーに絞ったという。

彼は就職活動を「苦労はしたけど、わりといい経験だった」と振り返る。友達の家に泊まり込んで面接対策をし、直前まで準備したそうだ。

「大学生は基本的に自由な身分だから、普段は就職活動ほどの困難もないし、友達と真剣な話をしない。だけど就活の時はお互い自分の思いをしっかりと語り合った。貴重な体験だった」。

また、実際に企業面接を経験して、「集団面接では一番初めに発言した方がいい」と感じたそうだ。周囲の沈黙を破って発言すると、積極性がアピールできると同時に、その後の主導権を握りやすかったと付け加える。

「就職活動では、企業から答えのない問題が出されることも少なくありません。そんなときも、政治学の勉強で培った、多面的に検討する視点が役に立ちました」と山口は繰り返す。

政治学科では、社会で現実に起こった事件の本質を多面的に分析する力がつく。それは社会を生き抜くのに必要な力そのものだ。

きっかけは新聞でニュースに興味を持つことからでもいい。その初めの小さな一歩が、社会を学ぶことにつながっていくだろう。

答えてくれた人
山口修平さん

1990年生まれ。京都府出身。2年のときに友人の京大生と立ち上げた野球サークルは、今や100人を超す大所帯のサークルとなっている。趣味はサイクリング、スキー、映画鑑賞。

経済学部
経済学科

同志社随一のマンモス学部、攻めの姿勢で「社会とのつながり」を学ぶ

西脇《にしわき》　莉理《りり》

文　・中園祐介
撮影・中園祐介

待っていても始まらない！

西脇は、同志社大学と兵庫のとある大学と、どちらに進学するかで迷った。最終的には、風光明媚な京都の立地が決め手となった。

学部は「テレビの報道でも、経済は政治に次ぐ重要事項。社会人になったときに役に立ちそう」と感じて、経済を選んだという。

経済学部の一学年の人数は約850人。同志社で最も人数が多い「マンモス学部」だ。

「この学部では、待っていてはなにも始まらない。自分から積極的に動いて、学部の友達を作ったほうがいいですよ」と西脇は話す。

経済学部では1年次は一般教養の科目が多いが、経済学の基礎の勉強も始まる。1年次の秋学期にある「経済数学」の授業では、文字通り経済学に必要な数学を学ぶ。文系一辺倒だった学生泣かせの時間である。

「関数や2次方程式、数列、変数がしっかりわかっていないと、後々きつくなってきます」。

2年次からはミクロ経済学やマクロ経済学、経済史、地域ごとの経済といった、よりくわしい専門科目を履修していく。

「授業評価は、レポートよりも、筆記試験を行う科目が多い印象です」。

西脇に強い印象を残した科目は、環境影響評価を研究している和田喜彦教授の「環境と資源」だ。彼女がこの授業を取ったのは2011年の春学期。東日本大震災が起こった直後だった。

「経済活動と自然活動の関係性。とてもタイムリーで、環境問題と経済はどうリンクしているのか、すごく考えさせられました」。

確かに、私たちの経済活動は社会のあらゆるニュースと密接につながっている。現実に起こる問題をいかに敏感にとらえるかが、経済の視点を育てるためには重要だ。

そして、西脇一押しの授業は、資本主義の政治経済学を研究する谷村智輝准教授の「科学と技術」だ。科学・技術の先端的な動向について、企業活動や産業の展開との関連から学ぶ。

「いろんな企業からゲストスピーカーが招かれて、実際の企業活動をくわしく聞くことができるのが、すごく刺激的でした。私のときは、ワコールやANAといった有名企業の方がいらしてくれました。卒業してからの仕事がイメージしやすくなるから、おススメです」。

ゼミの選択肢はなんと50も！

経済学部のゼミは2年次の秋学期から始まる。専任教員が他学部より多いため、ゼミの数はなんと約50に上る。

その内容は、日本経済についてマクロ・ミクロ経済学理論を基礎に実証的に分析する「理論重視」から、地域や都市に焦点を当てて、経済学の観点から考察する「現実重視」まで幅広い。いや、日本経済やグローバル経済、経済史といった「伝統的な経済学」から、情報システムやネットワーク産業など「新しい経済学」までという分類もできる。なにしろ、50もあるのだ。自分が興味を持ちやすいテーマを見つけやすいのは、教員数の多い経済学部ならではである。

そんななか、西脇は「グローバリゼーションと資本主義経済」をテーマに掲げる、先述の谷村智輝准教授のゼミに入った。谷村ゼミの人数は一学年30人弱。そこから1班5人ほどに分かれて、自分たちでテーマを決め、グループワークを行う。

西脇は、震災で大きな被害を受けた宮城県石巻市の復興方法を考察する班に属している。

「石巻の復興について、班のメンバーがめいめいに産業、コミュニティ、まちづくりという、異なる角度からアプローチします。机上の空論にならないよう、フィールドワークで現地に足を運びました」。

同志社独自のプロジェクト科目

西脇は3年次にプロジェクト科目を選択した。プロジェクト科目は、同志社独自の授業で、地域社会や企業から提案されたテーマに対し、グループで1年間の計画を立てて、協力し、そのプロジェクトを実現させるというものだ。

これまでのプロジェクト科目には、京都市伏見区と取り組んだ「京都市伏見地域活性化プロジェクト」や、友禅染の企業と取り組んだ「京都発のキリスト教司祭服を世界に発信する」などがある。

西脇は「京の台所・錦市場を中心に『京の食文化』を留学生に発信しよう！」というプロジェクトに参加した。何度もミーティングを行い、錦市場を訪れ、留学生と交流し、最終的に京都の食文化を留学生に伝える教科書を作成した。

「1年間スケジュールはいっぱいだったけれど、印刷物が完成したときの達成感は大きかった。なにかを成し遂げて形にしたい、行動力を身につけたい人に向いていています」。

西脇は他にも、語学留学やアカデミック・イングリッシュと呼ばれる難易度の高い英語の授業を履修していた。歯ごたえがある授業ばかりを好んで受講してきたのはなぜか。

「経済学部はよくも悪くも自由なところがあります。ライトに学ぼうと思えばできますが、大変な授業はその分学ぶことも多い。サークルに限らず、授業でもおもしろいことはいくらでも見つかります」。西脇は、学生の本分である授業での学びを、とことん充実させることを選んだのだ。

経済学部の卒業後の進路は、金融、メーカー、商社、インフラ系の企業など多岐に渡る。人数は少ないものの、ベンチャー、広告関係の企業や、教員になる人もいる。

経済は社会の動きと不可分だ。どんな企業に就職するにしても、西脇が経済学部で学んだ知識と経験が役に立つことだろう。

答えてくれた人
西脇莉理さん

1992年、兵庫県生まれ。私立親和女子高等学校卒業後、同志社大学経済学部経済学科へ進学。趣味はミュージカル鑑賞。将来の夢は世界を舞台に活躍する女性になること。

商学部
商学科

ラグビーとその先の人生
どちらも大切にしたいから

清《きよ》鶴《つる》 勘《かん》太《た》

文　・鈴木芙実
撮影・北田成実

ラグビーが続けたくて

清鶴がラグビーを始めたのは3歳のとき。文字通り、これまでの人生の大半をラグビーに捧げてきた。

「当然、大学でも続けたかったですね。ラグビーを続けるのにふさわしい環境かどうかで、進学先を決めました」と清鶴勘太は語る。中学、高校と同志社香里のラグビー部で活躍した彼にとって、ラグビーのない大学生活は「あり得なかった」。

ご存知のとおり、同志社ラグビー部は関西随一の名門で知られている。

清鶴が悩んだのは学部選択だ。

「どの学部だったら部活と勉強を両立することができるのか。充実した練習ができるのか」。

清鶴が同志社大学に進学したのは2010年のことだ。当時、文系の経済・商・文・法学部の4学部は、1、2年のうちを京田辺キャンパスで学んだ。体育会系部活動のほとんどは京田辺の構内にある施設を利用する。

ラグビー部の練習は週6日、火曜から日曜の夜の7時から開始する。

「部活との両立が難しいですし、高校時代も文系だったので、理系の学部への進学は考えていませんでした。理系だったらずっと京田辺なので、キャンパスについて悩まなくていいんですけれど。文系で、『2回生まで練習に参加しやすい学部』という観点から、文学部、経済学部、法学部、商学部まで絞りました。各学部の特徴を比較して、その先は、卒業後の就職にどの学部がいちばん役立つか？　と考えた結果、ビジネスに直結する商学部に決めました」。

ちなみに、2013年から文系の学部すべては今出川キャンパスで授業を行われるようになった。両校地間の移動には1時間強かかる。今出川で行われる5限の授業を履修すると、京田辺で夜7時開始のトレーニングには間に合わない。体育会に所属する文系学生にとって、履修科目の選択は非常に悩ましいのが現状だ。

ゼミでつながりが生まれる

商学部は一学年おおよそ800人、大学内でもトップクラスの人数を誇る。この大所帯の教員は50人以上、充実した授業ラインナップが魅力的だ。会計、マーケティング、国際経済、金融……商学にかかわるあらゆる科目を、好みの先生について学べるのだ。

清鶴は主にマーケティングや金融について専攻してきた。

「消費者として社会にかかわる機会が多い自分の立場からすると、マーケティングは学んでいて具体性があって楽しかったです。一方、金融は授業内容が抽象的な部分も多くて、簡単ではありませんでした。ただ、大きな魅力がありまして……(小さい声で)比較的単位が取りやすいと、定評があるものですから」。

茶目っ気を出しつつ、清鶴はそんな商学部の秘密を教えてくれた。

なかでも、藤原秀夫教授の金融の授業は「『商学部生全員が受講している』といっても過言ではありません」。とはいえ、勉強しないで単位が取れる、という意味ではないので誤解しないでほしい、と清鶴は念を押した。

テスト前は、授業のノートをもとに、しっかりと授業の内容を復習することが求められる。ただ、クラス全員が履修する人気講義だからこそ、みんなが知識を共有しているし、困ったときに手を差し伸べてくれる人も多い。これが、大人数制のメリットといえよう。

3年生になり、清鶴は藤原教授の金融ゼミを選択した(現在は2年生でゼミが始まる)。

ここで人数の多い商学部ならではの特徴を述べておくと、ゼミには全員が参加するわけではない。というのは、約800人の学生全員分のゼミが開講されるわけではないからだ。

希望のゼミに入るためには、これまでの成績と面接で選抜が行われる。「普段のテストをまじめにやっていれば、成績はおのずとついてきます。ラグビー漬けの僕でもゼミに入れたんですから、普通に授業に出て、勉強していれば大丈夫ですよ」と清鶴は話す。

「ゼミに入って商学部の同期や後輩とのつながりができたのが、僕には嬉しかったです。一学年の人数が多いと、授業の幅が広いメリットは確かにあります。その一方で、大人数制の授業では個人の発表の機会が少ないですから、人間関係の密なつながりが生まれにくいのも事実です」。

ゼミを受講しない学生は、そのぶんの単位を通常の授業の履修で補う。「この成績ではゼミに入れない！」、そのプレッシャーが、商学部生のやる気に火をつけるのかもしれない。

学生を受け止める懐の深さ

最後に、充実した学生生活に必要なものはなにか、と清鶴に尋ねた。

「自分が熱中できるなにかを見つけられた人は幸せだと思います。僕はラグビーだったけれど、スポーツに限らず、勉強でもサークルでもなんでもいい。打ち込めるものを探してほしいです」。

清鶴は続けた。

「商学部にはいろんな学生がいます。僕みたいな体育会でも、教授陣のご理解とサポートのおかげで、勉強と部活の両立ができた。先生方には何度も助けていただきました。こんな懐の深い学部は、同志社でも珍しいんじゃないかな。大学なんだから、人によっていろんな勉強の仕方があっていいんじゃないかと、個人的に思います。商学部は、僕にもってこいの学部でした」。

社会人になっても、ラグビーには携わっていたいと話す清鶴。彼のラグビー人生はまだまだ続く。

答えてくれた人

清鶴勘太さん

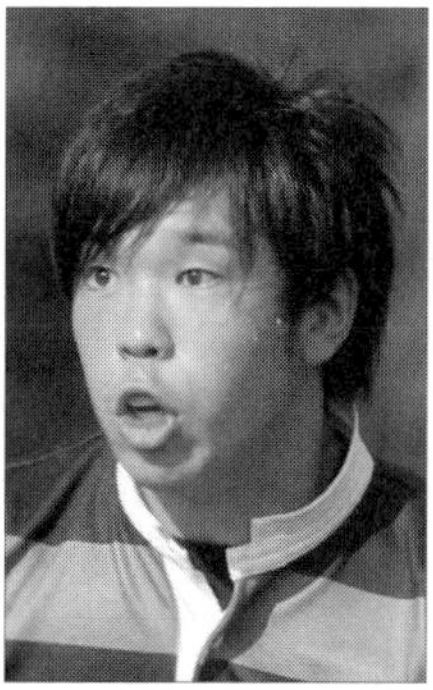

1991年生まれ。大阪出身。同志社香里中学校・高等学校を経て、同志社大学商学部へ進学。趣味は映画観賞。これからもずっとラグビーに携わることが目標。

政策学部
政策学科

問題解決の視点を武器に
世界に好奇心を広げていく

薄田《うすだ》 優大《ゆうだい》

文　・鈴木芙実
撮影・鈴木芙実

問題を発見し、解決する学問

２００４年に開講した政策学部は、同志社においては比較的新しい学部だ。政治・行政学、法学、経済学、組織論の４つをまたぐ学問領域で、「問題解決」をキーワードに事象をとらえていく。

問題解決とはなにか。国際問題、環境問題、ご近所問題……。いうなれば、私たちの住むこの世界は「社会問題だらけ」である。国からＮＰＯまで大小を問わず、「問題を発見して、それを解決するための方法を考えて、実行する」ために、あらゆる組織は存在するといえる。

政策学部では、問題発見から解決までのプロセスを「政策」ととらえて研究する。そして、学生個々の問題解決能力を高めて、複雑な社会問題に対応できる人材を育成している。

薄田はそんな政策学部政策学科で勉強する学生の一人だ。

「学部の魅力はいろいろありますが、まず挙げたいのは、生徒が相談したいと頼れば、親身になってくださる先生が多いことでしょうか。一学年４００人と、人数は決して少なくはありませんが、教授との心の距離は自分次第で縮められます」。

薄田が薫陶を受けたのは、岡本由美子教授だ。1年時の必修授業で、グローバル経済について教わった。外交問題をどのように対処していけばいいのか、政策的視点から考える内容だ。

「岡本先生の魅力は、授業内容だけではありません。お人柄もすばらしいんです。ぼくら1年のひよっこが、先輩たちと関わる機会を設けてくれたことは、とても印象的でした」と、薄田は語る。確かに、有意義な大学生活を過ごすためには先輩のアドバイスは不可欠だ。さりげなくも行き届いた配慮が、人気の理由なのだろう

また、「政策トピックス」という授業を担当する岡田彩教授。彼女もまた生徒を大切にしている先生の一人だ。非政府組織であるＮＧＯを適切に運営する方法を研究している。

「なんといっても岡田教授の特徴は学生目線になってくださること」と、薄田は話す。一人ひとりに対するやさしさが学生を惹きつける。そしてそれが学生の学ぶ原動力になるのだという。

金と時間よりも大切なものがある

薄田は大学2年の時に、気づいたことがある。

「政策学部は自分次第でどんなことでもできる学部だなって感じました。だったら、やりたいことをやらなくちゃ、と思いました」。

薄田は1年休学して、アメリカのロサンゼルスに留学することを決めた。

「両親はものすごく心配しましたし、反対もされました。ロスの治安は決してよくないし、休学もいかがなものかと。でも『お金よりも時間よりも大切なものがある』と親を説得しました」。

ロサンゼルスでは、語学学校で英語を学んだ。言葉を習得するだけではない、日本圏外の世界各国の人と話したいと薄田は思った。

語学学校には日本人もいたが、極力日本語を使わず、いろいろな国籍の学生とコミュニケーションをとるようにした。

「名前しか知らなかった国や、僕が偏見をもっていた国のイメージが変わりました」と薄田はいう。そして、ヨーロッパ各国から南アフリカまで、世界中に友達ができた。それまでは漠然とイメージでしかとらえていなかった国々を知り、その国の価値観を学んだ。

薄田には留学で忘れられない思い出がある。一週間かけて、列車でアメリカを横断したのだ。ロサンゼルスを出発し、ニューヨークを目指した。旅の途中で待っていた野宿や、一生忘れられない偶然の出会い。日本だけで過ごしていては絶対にし得ない体験だった。

「こんな行動力が身についたのは、政策学部の友達のおかげですね。一緒に学べる友達がいたから、問題解決の視点をもって、生きている上で遭遇するトラブルを解決できる自信がついた。対処できると思えば、行動するのが怖くなくなる。僕は、留学を通じて、人や物事に関する興味が広がりました。自分の変化を感じます」。

世界に行動を広げていく

薄田は留学だけでなく、他のことにも行動的だった。2年生のときに、とある日本の政治家と共に海外視察を敢行。ある議員さんとの出会いがきっかけだった。一行は3泊4日でシンガポールとマレーシアへ赴いた。現地中学校の視察や日本企業の工場、そして現地農園の視察など。盛りだくさんのハードスケジュールだったが、それを上回る貴重な体験だった。

なかでも、現地中学校の視察では日本の教育制度の見直しを兼ねた目線で、意義のある見学ができたという。英語が公用語となっている反面で、マレー語の文化が消えつつある問題を抱えるマレーシア。適切な解決策を考えることを通じて、日本の教育の現状のいい点悪い点、より一層教育を充実させる方法を見直した。

「海外視察、留学、アメリカ横断、国内でのヒッチハイク。どこでなにをしていても、政策学部で培った知識や視点が役立ちました。こんな勇気をもてるようになったことに、感謝したいです」。

そう話す薄田の夢は、世界で活躍する人材になることだ。日本と他国を股にかけて働きたい――。現時点ではまだ漠然としてはいるが、彼はその夢を形にすべく、模索をしている最中だ。

休学した薄田が、政策学部で学ぶ時間はあと1年残されている。英語をブラッシュアップし、さらに問題解決の手法への理解を深める予定だという。そうした実りある時間の後には、薄田は将来の夢である世界での活躍にまた1歩近づいていることだろう。

答えてくれた人

薄田優大さん

1991年生まれ。茨城県出身。水戸桜ノ牧高等学校卒業後、同志社大学政策学部政策学科に進学。趣味はギターで、一時は本気でミュージシャンを目指したほどの腕前。スポーツや読書も大好き。

文化情報学部
文化情報学科

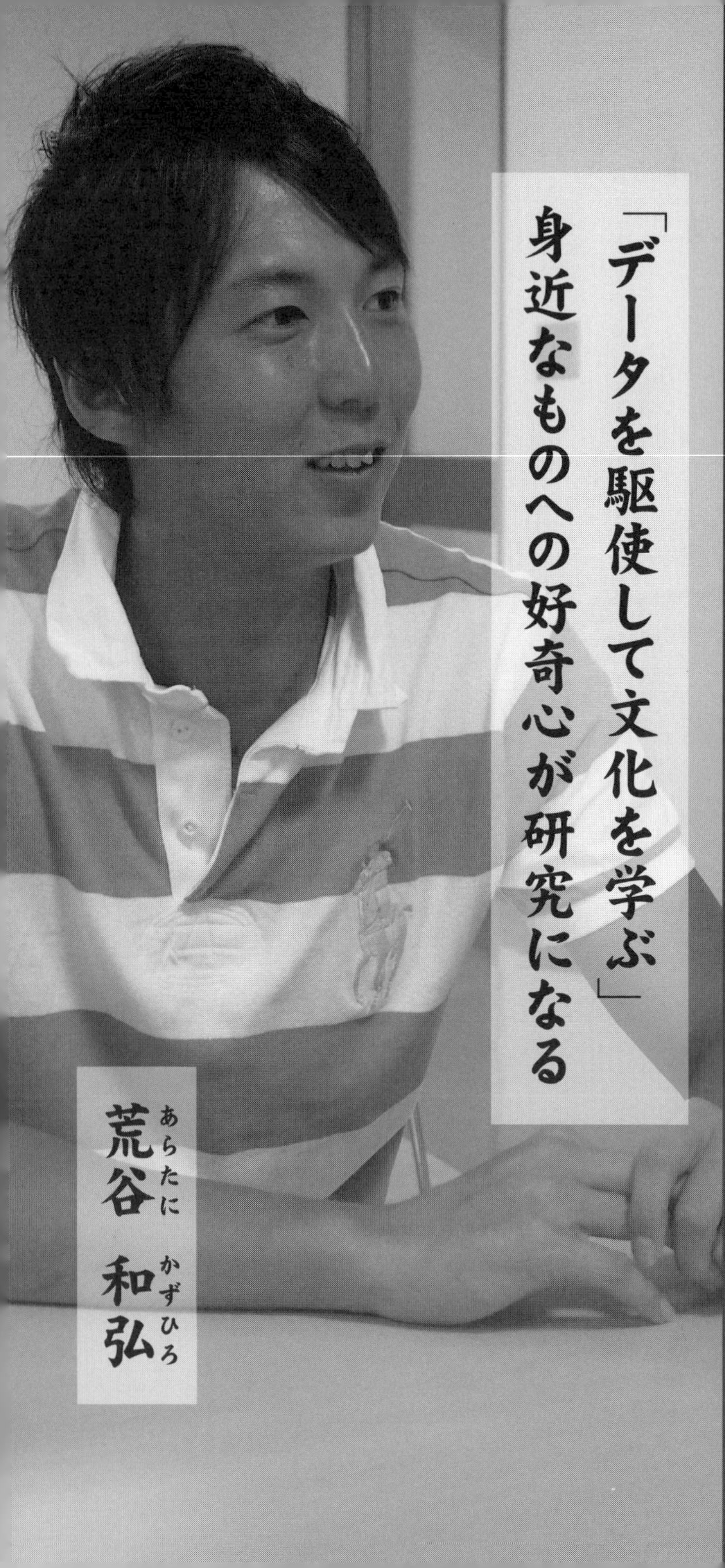

「データを駆使して文化を学ぶ」
身近なものへの好奇心が研究になる

荒谷《あらたに》　和弘《かずひろ》

文　・佐々木彩
取材・藤井三裕紀
撮影・西田奈未

データで事象を解明する学問

幼いころから、荒谷は歴史に興味があった。出身地の佐賀では、毎年欠かさず由緒ある祭りに足を運んでいた。その一方で数学も好きで、捨てがたかった。そんなときに、高校の担任教諭から「歴史と数学の両方を学べる学部があるよ」と教えられたのが、同志社の文化情報学部だ。

「どこを探してもこんな学部はない！」。

躊躇なく荒谷は佐賀を離れ、同志社大学文化情報学部への進学を決めた。

京田辺キャンパスにある文化情報学部は、データサイエンスと呼ばれる手法を使って文化を研究する、文理融合の学部だ。２０１４年現在で創部10年目。歴史が長い同志社大学のなかでは、比較的新しい学部にあたる。

文化情報学部の魅力は、学べる学問の幅広さだ。歴史、言語、認知といった文化領域の科目。様々な現象の理解を試みるデータサイエンスの科目。まさしく文理が交錯する。

それだけに面白い授業が多いと話す荒谷のイチオシは、狩野博幸教授だ。

「狩野先生は、以前に美術館の館長をされていました。それだけに芸術への愛着がすごい」。

絵画からその時代の人がなにをしていたのか、なにを思ってどんな行動や話をしていたかを分析する授業に、荒谷は心を奪われたという。

また、認知科学分野では阪田真己子准教授がオススメだと、新谷は話す。文化情報学部の中でも最も人気の授業の一つで、「身体から学ぶ」をスタンスにしている。授業では、具体的な認知科学の実験例を通じて理解を深める。

たとえば、モーションキャプチャーと呼ばれる、体につけて動きをデータ化する機械を使う実験がある。そこで、漫才の「間」の取り方は、観客がいるかいないかでどう変わるのかを計測した。

「芸人のシャンプーハットさんが授業に来て、機器をつけてデモンストレーションをしてくれたんです。観客がいないと、ペースにかまわず漫才がどんどん進んでしまう。けど、観客がいると、笑い声を聞いて反応を見ることで、笑いの『間』を大切にするようになる」。

文化情報学部で取得可能な資格はバラエティに富んでいる。教員免許なら数学、社会、情報。また社会調査士の資格も取得可能だ。

「何を学んだらいいのかわからない!」

なんでも学べる文化情報学部では、それゆえの悩みもある。「何を学ぶの?」という壁にぶち当たるのだ。文化情報学部の略称「文情」をもじって、「何学ぶんじょう(=何を学ぶのでしょう?)」と揶揄されることもある。

実は、荒谷も例外ではなかった。「入学当初は本当にわからなかった」。他学部の友人から、文化情報学部の内容を訊ねられても、うまく説明できないことがしばしばだったという。

「でも授業を受けていくうちに、次第に何を学ぶかがわかってきました」。

昔の人々が使っていたものや言葉を、歴史だけではなく、数学・科学的な手法で分析する。つまり、文理の両面から文化を学ぶ学部なのだ。

また、データを使った分析力もつく。必修科目にはパソコンを使った実践的な分析や調査がある。

「上回生になって経験を積むと、分析方法で導き出せるものの見当がつきやすくなります。すると、研究がより面白くなります」。

先生の充実したサポートのおかげもあって、格段に技術が上がるようだ。

興味がそのまま学問になる

そして学年を重ねるにつれて、「何を学ぶのか」の次は「何を学びたいか」という問いが見えてくる。自分は何を研究したいのか? 文化情報学部の研究室に入る4年生までは、言わば研究のための準備期間に当たる。

荒谷は「研究したい題材がたくさんあって悩んだ」と話す。最終的に、彼は幼いころから続けてきたテニスを研究対象として選択した。

荒谷のテニス歴は長い。始めたのは小学生、同志社では体育会のテニス部に所属する。

「体力的に体育会は厳しいかと思いました。でも、厳しい環境に身を置いて、自分を磨きたいと思ったんです」。

4年になり、荒谷は村上征勝教授の研究室に入った。文化現象の計量分析を専門とする村上教授のゼミは、統計学がベースになる。統計でテニスを分析したかった荒谷にはもってこいだった。

村上研究室は忙しく、毎週成果発表の場があった。荒谷はゼミ長も務めた。

「忙しいけれど、やりがいがありました」。

最終的に荒谷が選んだ研究テーマは「なぜ錦織圭が海外でも通用するのか」。世界を舞台に活躍するテニスの実力派プレーヤーに焦点を絞ることに決めた。

荒谷は研究に臨み、まずは世界のテニスプレーヤーの身長・体重・パワー・サービスのエースの数を徹底的に調べ、錦織圭の強さをデータで示した。

迷った時は、先生が新たな方向性を提案してくれたり、各分野に特化した専門の先生がサポートしてくれた。こうして気軽に相談できるのも、教員と生徒の距離が近い文化情報学部ならではだ。

「研究すればするほど、突き詰める必要が生まれる。『なんで、なんで？』の気持ちが大切」。

素朴な疑問を追いかけると、ものごとの真相が見えてくる。深い理解が研究の大きな力になることがわかったと、荒谷は話す。

文化情報学部では、自分の気になる題材を追究できる。興味のその先へ——。「なんでも学べる」から、身近な好奇心が研究になる。それが文化情報学部なのだ。

答えてくれた人
荒谷和宏さん

1991年、佐賀県生まれ。龍谷高校を卒業後、同志社文化情報学部へと進む。趣味はテニスで、同志社大学体育会テニス部に所属。将来の夢は、多くの人のために役に立つ人間になること。

理工学部
インテリジェント情報工学科

文　・笹部拓也
取材・藤井三裕紀
撮影・北田成実

「勉強に追われない」理系で自主性を発揮する

松田《まつだ》杏奈《あんな》

アシモの後を追いかけて

幼いころに展示会で見た、ホンダが制作した次世代ロボット「アシモ」。壮大な音楽とともに姿を現し、人間さながらの二足歩行で、アシモは観客の目の前を歩いた。ロボット工学の進化を象徴したかのようなその光景は、幼心に強烈な憧れを植え付けた。

「私も将来こんなロボットを作りたい！　ロボット博士になる！」。

その思いは、高校3年生、進路選択の時期になっても変わらなかった。

当初、松田は機械系学部への入部を考えた。しかし調べるにつけ、ロボットの内面への興味が高まる。関西圏での進学を志望していたため、同志社大学理工学部インテリジェント情報工学科に飛び込んだ。

同志社大学理工学部インテリジェント情報工学科の通称は「インテリ」。インテリは、他の理系学部と比較すると、ある程度自由に研究対象を選べるのが特徴だ。

必修科目が圧倒的に少ないぶん、選択科目は幅広く用意されている。それゆえ、自分が取りたいと思う授業をたくさん取れる。

また単位も割と取りやすい、と松田は言う。1、2年生のうちにしっかりと週5日ペースで登校して頑張っていれば、3年生からは週3日登校の時間割を組むこともできるのだ。

もちろん教職課程も履修可能。時間割次第では2科目の教員免許を取ることもできる。実際、松田も数学と情報の教員免許を取得している。このように、個人個人が学部の必修科目にとらわれず、柔軟な時間割を組めるのはインテリの魅力のひとつと言えるだろう。

知識と生活がダイレクトにつながる

理系学部だけあって、90人に対して女子はわずか9人。実験は毎回組み合わせを変えて行われるので、お互い親しくなるきっかけがつかみやすい。

「入学前から高校の部活動でプログラミングを組んでいた人や、自分でアンドロイドやｉＰｈｏｎｅのアプリを作ったことがある人もいます。クラスメートからもすごく刺激を受けます」。

4年生から入る研究室では、メンバーと行動をともにする時間が増えるため、さらに仲良くなれる。ただ、希望する研究室に必ずしも入れるとは限らない。選考には、成績が良い人から順に希望の研究室に配属されていくからだ。

「希望の配属先に行けないのは、シビアかもしれません。でも、どの研究室も魅力的な研究を追求しています。第一希望ではなくても、みんな配属された先で頑張っていますよ」。

ここで、インテリの人気授業を2つピックアップしてみよう。

まず、土屋誠司准教授のロボットの自然言語の処理について学ぶ授業だ。iPhoneのiOS7に搭載されたSiri機能に感心したことがある人も少なくないだろう。会話できるロボットを作るための自然言語処理機能についての授業は、学科内でも有数の人気を誇っている。

また、三木光範教授が担当する照明の研究についての講義も、多くの学部生が興味を持つ。光が人体に与える影響についての授業で、研究室に配属されてから行なわれる。

「白い光は、勉強に集中している時に向いている。けれども白い光をあび続け過ぎると、目が疲れて集中力が下がる。オレンジの光は、リラックス効果がある一方で、集中したい時には向かない」といった、実生活で思い当たる話に引き込まれる。

松田は三木ゼミの所属だ。同研究室では、六本木ヒルズにある森ビルをはじめ、東京にある複数のオフィスの照明に運用したことがある。

「実際に習った知識が役立つのは面白い。カフェでお茶しているときに『あそこの照明を変えたらもっとお洒落なのに』なんて、思わず考えちゃうようになりました」と、松田は笑う。

「インテリでは、画像処理や自然言語など、今まで勉強したことのないことが学べます。わくわくして授業を受けてほしい」。

知識と生活がダイレクトにつながると、学問の面白みが倍増する。文系学部でありがちな「この授業の内容、将来何の役に立つんだろう」といった葛藤に、この学科で悩まされることは少ない。

プロジェクションマッピングで活躍

進路は2つに分かれる。インテリが実践的だからこそ「もっと勉強したい」という意欲が湧く。卒業後は約半数が大学院へ進学していく。

残りの半分は就職だ。就職活動でもインテリで学んだ経験は強みになってくる。松田はシステムエンジニアになることが決まっている。

卒業を控える松田は、目を輝かせて話した。

「大学には、高校生のときに思っていたよりも、ずっと楽しいことがたくさんありました」。

松田は3年生でプロジェクションマッピング（建物への立体映像の投影）をする学生団体を立ち上げた。田辺キャンパスにあるローム記念館をスクリーンにしてみたり、企業の協賛を受けて京都のイベントに出場したり。自分が主体になって、いくつものプロジェクトを実行した。

勉強に追われるだけではない。課外活動やサークルなど、自分次第でやりたいことを実際にやれるのも、インテリの大きな魅力なのだ。

「自主性を発揮しやすいインテリの気風が、私には合っていた。4年間でたくさんの夢を叶えることができたかな」と、松田は満足そうだ。

インテリには、キャンパスライフを充実させる魅力が詰まっている。新たな夢を追いかける松田には、次のステージが待っている。

答えてくれた人
松田杏奈さん

1991年、兵庫県生まれ。宮城第一高等学校を卒業後、同志社大学理工学部インテリジェント情報工学科へ進学する。趣味はダイビング。してみたいことはすぐに挑戦する性格で毎日をアクティブに過ごす。将来の夢は他人に影響を与えられるような人になること。

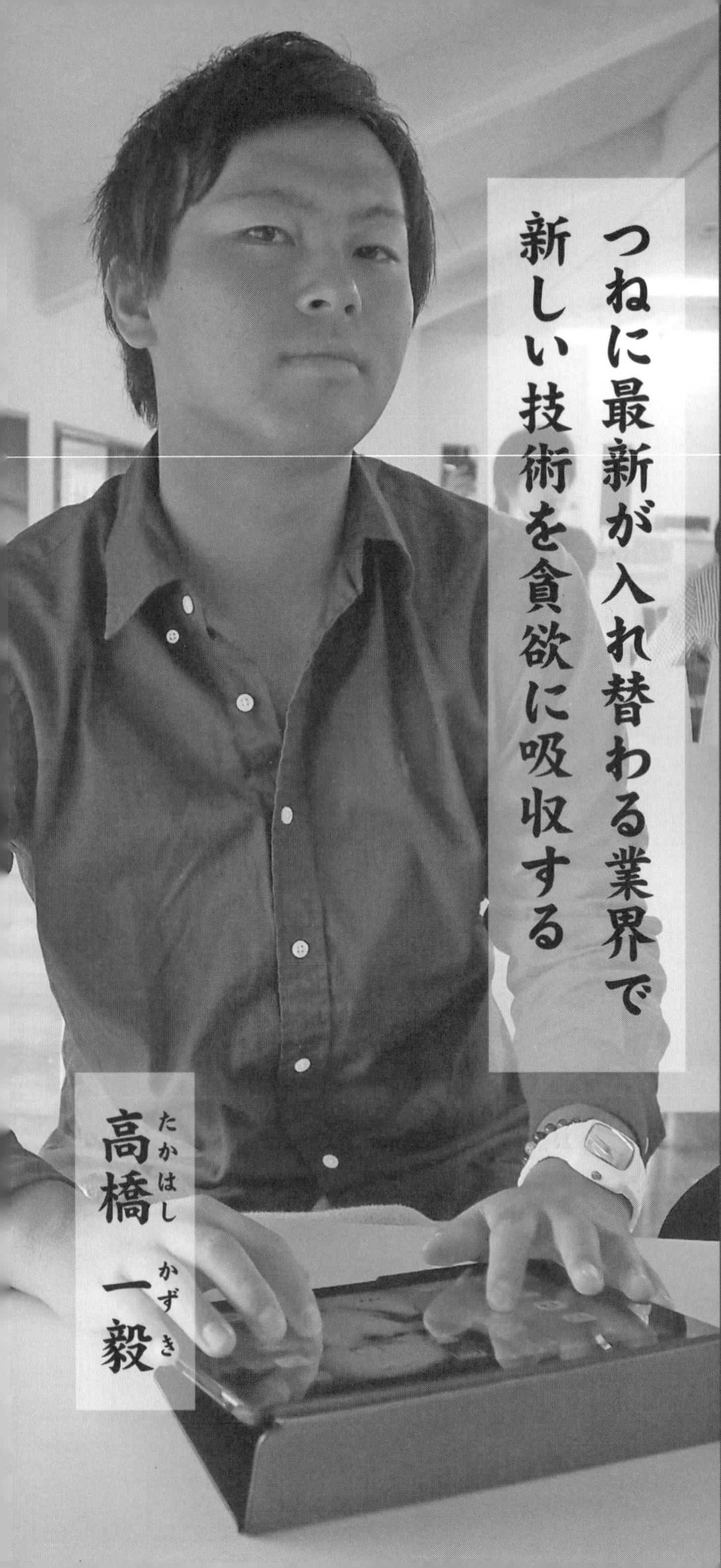

理工学部
情報システムデザイン学科

つねに最新が入れ替わる業界で
新しい技術を貪欲に吸収する

高橋《たかはし》 一毅《かずき》

文　・大原和也
撮影・西田奈未

急成長、最先端にある学問分野

1990年代後半から世界中で急速に進んだIT化。「IT革命」という言葉が流行語大賞を受賞したのは2000年。それから10年以上過ぎ、今や掃除機が全自動で動く時代だ。

「ITの最新の技術に触れたい」と、情報システムデザイン学科を志したのが、今回話をしてくれた高橋一毅だ。

情報システムデザイン学科は、つねに変化する時代のニーズに応じた情報システムを実現できる人材を生むことを理念に、2004年に開設された比較的新しい学科だ。

高校時代、高橋はサッカーに明け暮れた。大学では建築を専攻したいと思っていた。

「いわゆる、高校のときからアプリをつくってしまうような、バリバリのIT少年ではありませんでした。でも、僕は『新しいもの好き』の性格なんです」。

そう言って高橋は笑う。新しい技術が生まれては急成長してトップを奪う。目まぐるしい速度で発展を遂げる情報技術を扱うこの分野に、自分は向いていると話す。

「ITはすぐ新しい技術が登場します。去年自分たちが勉強したことが、今年になったら古くなっていることも珍しくありません」。

この学科の特徴を端的に示している言葉だ。伝統的な名門学部に比べれば、情報システムデザイン学科は歴史も名声もないかもしれない。しかし、どの学部よりも時代の最先端にあるのだ。

とはいえ、歴史の浅さに比例して、勉強量が少なくて済むわけではない。

「新しい技術が登場するたびに、先生も僕らも新しく知識を得ないといけない。必死です」。

そんな情報システムデザイン学科の授業では、当然パソコンに触れる機会も多くなる。1年次からパソコンでのプログラミングは必修で、紙とペンさえあればできる簡単な計算でも、敢えてパソコンに数式を打ち込むこともあるという。

そうして学んだプログラミング技術が、後の研究で活かされる。高橋のクラスメートには、学んだプログラミング技術を応用してスマートフォンのアプリを自作する者も珍しくないそうだ。

もちろん、パソコンに向かうだけでなく、オーソドックスな講義形式の授業もある。社会学や経済学にもまたがる幅広い情報技術を学ぶことで、社会で脚光を浴び、世界経済を動かすさまざまな情報技術の結晶の仕組みを知ることができるのだ。

「『最新技術の裏側って、一体どういう仕組みになっているんやろ?』という関心が、そのまま勉強になるのが楽しい」。

知っても知っても満たされない。貪欲な好奇心の持ち主にはたまらない学科ではないだろうか。

絵文字に効果音をつける研究

2年になると、理系ならではの実験授業が本格的にスタートする。1グループにつき先生が1人ついて指導にあたってくれる。さまざまな分野についての実験を行うなか、興味をもった分野が研究室選びの判断材料になるという。

高橋が興味をもったのは、「車をプログラムで走らせる」というチームで取りくむ課題だ。走行状況を3D画像にして、分析を重ねる。

ほかには携帯型ゲーム機のゲームボーイアドバンスを使ったユニークな実験もある。もちろん実験後にレポートを提出する大変さはあるが、多彩な題材には飽きることはないだろう。

3年生の秋に説明会があり、いよいよ4年生になると研究室に配属される。

高橋が選んだのは、応用メディア情報という分野だ。たとえば高橋が研究しているのは絵文字について。パソコンと携帯電話にメール機能がついて以降、文字だけでは伝えられない感情を表現するために絵文字やスタンプが加わった。

「絵文字に効果音をつけることで、より感情が伝わるんじゃないかと考えました。『無表情の絵文字に怒りの効果音をつけると、受け手の感情はどう変化するのか』という実験もしました。もはや、心理学の分野に踏み込んでますよね」。

このように、身の周りにあるさまざまなものが研究の題材になるのが学科の特色だ。いろいろなことができるぶん、テーマを決めるまでに迷う人もいるかもしれないが、とにかくやってみたいことがなんでも実現できる場なのだ。

貪欲に前に進み続けたい

高橋はサッカーサークルに所属するかたわら、アルバイトもしてきた。

「他の理系学部に比べて楽な部分もあったから、両立できた」と高橋は言う。必ずやらなければいけないことが少ない学科では、サボろうと思えばサボれてしまうのではないだろうか？

「僕の周囲には自分の知りたいことのために、自主的に勉強してるやつが多くて、友人ながらすごいと思う。強制されるよりも、自主的にやりたい人にはおすすめです」。

情報システムデザイン学科の卒業後は半分が大学院に進み、残り半分は就職する。就職先はダントツでＩＴ企業が多い。高橋は「転職の激しい業界だけど、自分自身の興味に素直に、貪欲に挑戦していきたい」と将来の展望を語る。

この学科で学ぶ最先端の知識は、ＩＴ業界の将来に直結している。

「社会に出てからもできるだけ多くのことを学び、吸収したい。40、50歳になってもいろんな分野に食らいついて、仕事をしていきたい」。

全世界で技術開発競争が繰り広げられるＩＴ業界では、貪欲に前に進み続ける者が生き残る。未来の日本、ひいては世界を支えるのは、高橋であり、この学科に入ったあなたかもしれない。

答えてくれた人

高橋一毅さん

1991年生まれ、京都府出身。京都府立桃山高等学校卒業後、同志社大学理工学部情報システムデザイン学科に進学。趣味はサッカー。将来の夢は経営者になること。

理工学部 電気工学科

枠にとらわれない学部で電気の研究に情熱を注ぐ

中川《なかがわ》 真希《まさき》

文　・藤井三裕紀
撮影・佐々木彩

エネルギー源としての電気

同志社大学理工学部には学科が10ある。文系学生にとっては、細かく分けられているその学科で、いったい何を学んでいるのか想像しにくいのが実情だ。本題に入る前に、私のような文系学生のために、理工学部について簡単に整理しておきたい。

同志社大学では理学部と工学部を統合した、理工学部が1つ設けられている。ちなみにご近所の京都大学では、理学部と工学部は独立した別の学部になっている。

では、理学と工学では何を学ぶのか。取材を受けてくれた中川に聞いたところ、「知るための研究」をするのが理学部。「作るための研究」をするのが工学部だという。中川が所属する電気工学科は「どちらかというと、工学の要素が濃いですね」。

さて、大枠を説明したところで、本稿で取り上げる理工学部電気工学科について説明しよう。ここでは、エネルギー源としての電気を研究の対象とする。原子力発電や核融合、電気エネルギーの発生や送電における効率化を図るための技術を中心に学ぶ。

「隣りの電子工学科と似ているね、とはよく言われます」と中川はうなずく。

理工学部の学科のなかでも、同じく電気を専攻する電子工学科（88ページ掲載）との違いはなにか。エネルギー源としての電気を勉強する電気工学科に対し、通信・情報処理に使われる信号として活用される電気について学習するのが電子工学科だ。別の言い方をすれば、電気の理論や応用を学ぶのが電気工学、情報の伝達や電子材料を対象とした技術を学ぶのが電子工学なのだ。

電子工学科との抜群の連携

話を本題に戻そう。理工学部電気工学科に籍を置く中川は、同志社を志した理由をこう話す。

「そうですね、三重にある実家から、同志社大学のある京都がそんなに遠くなかったことは、選択の理由としては大きいです。あとは選べる学科の種類が豊富で、学校の雰囲気が楽しそうだったことが決め手になりました」。

電気工学科のキーワードは「電気」だ。

「高校生のときに他学科の概要を読んでも、いまひとつ勉強内容がつかみにくかった。でも、電気は身近な存在だから、興味が持てた。なので、この学科を志望しました」。

現在は、近鉄三山木駅周辺の下宿先から自転車で大学へ通っている。自然に恵まれた広大な京田辺キャンパスにはとても愛着があるという。

電気工学科では、専門的な技術を学ぶための土台として、1~2年生にかけて将来の専攻分野のための基盤となる基礎科目を履修する。1年生から始まる実験の授業は、電子工学科の学生とともに行う。

「他の理工学部の学科とは、カリキュラム上でのつながりはありませんが、電子工学科生とはこの機会に仲よくなれます」と中川は笑顔で話す。

理工学部の拠点、京田辺キャンパスは関西文化学術研究都市に位置する。京田辺キャンパスには、日本では数少ないNMR（核磁気共鳴装置）、無響室や伝搬室、クリーンルームがあり、日本で有数の最先端の実験設備が整っている。

電気工学科では、1、2年次に基礎演習実験および、電気基礎実験を履修する。3年生に入ると選択科目が始まり、4年次にはこれまでの実験の経験を生かし、おのおの各研究室で密度の濃い研究を行う。

「ちなみに、電気工学科に入ったけれど『やっぱり電子系を勉強したいな』と思ったら、3年生になってから電子系のカリキュラムを履修することもできるんです」。

電気工学科のカリキュラムでは、3年生になると「電気工学実験」と「電子工学実験」の授業が始まる。その際、いずれの実験も履修可能だ。電子工学科との横の連携は抜群である。

横だけではない。学内外の線引きにもとらわれないのも、電気工学科の特徴だ。電気工学科には、企業のインターンシップや、学外実習の制度もある。興味がある人は、早くから情報収集のアンテナを張っておくといいようだ。

5割が大学院に進学

4年生になると、専門科目と並行して卒業研究が始まる。所属する研究室において、各々が興味を抱くテーマをひとつ設定する。時間をかけて研究する対象は、そう簡単には決められない。

「電子工学科の先生たちは研究内容も、なにもかも、みんな個性的な先生ばっかりなんです。ゼミ選びはけっこう悩みましたね」。

中川は最終的に、教授の性格が自分に合うかどうかを重視して決めたという。ゼミ選択の際に、研究を指導してくれる教授の人柄を重視するのは一つの方法だ。

「僕のゼミの馬場吉弘教授はとにかく優しい方なんです。ちなみに、テストもやさしくしてくださっていることも、貴重な情報として付け加えておきましょうか（笑）」。

馬場吉弘教授の専門は環境電磁工学。中川は馬場教授のもとで、ＦＤＴＤ法を用いたＣＦＲＰ電流分布解析について研究している。

電気工学科では、学部の卒業生の約50％が大学院へ進む。中川はその5割に含まれる。

「卒業後は大学院進学です。今と同じテーマで、引き続き研究しようと思っています」。

ちなみに院への推薦をもらえるのは、学部の成績で上位25名の選ばれた学生だけである。

大学院でも学びたいと思えるのは、テーマあってこそ。何年もかけて情熱を注げる対象に出会えるのは、電気工学科かもしれない。

答えてくれた人

中川真希さん

1991年生まれ、三重県出身。津高校から同志社大学理学部電気工学科へ進学する。サッカー観戦が趣味で、将来の夢は電気・システム系統のエンジニアになること。

理工学部
電子工学科

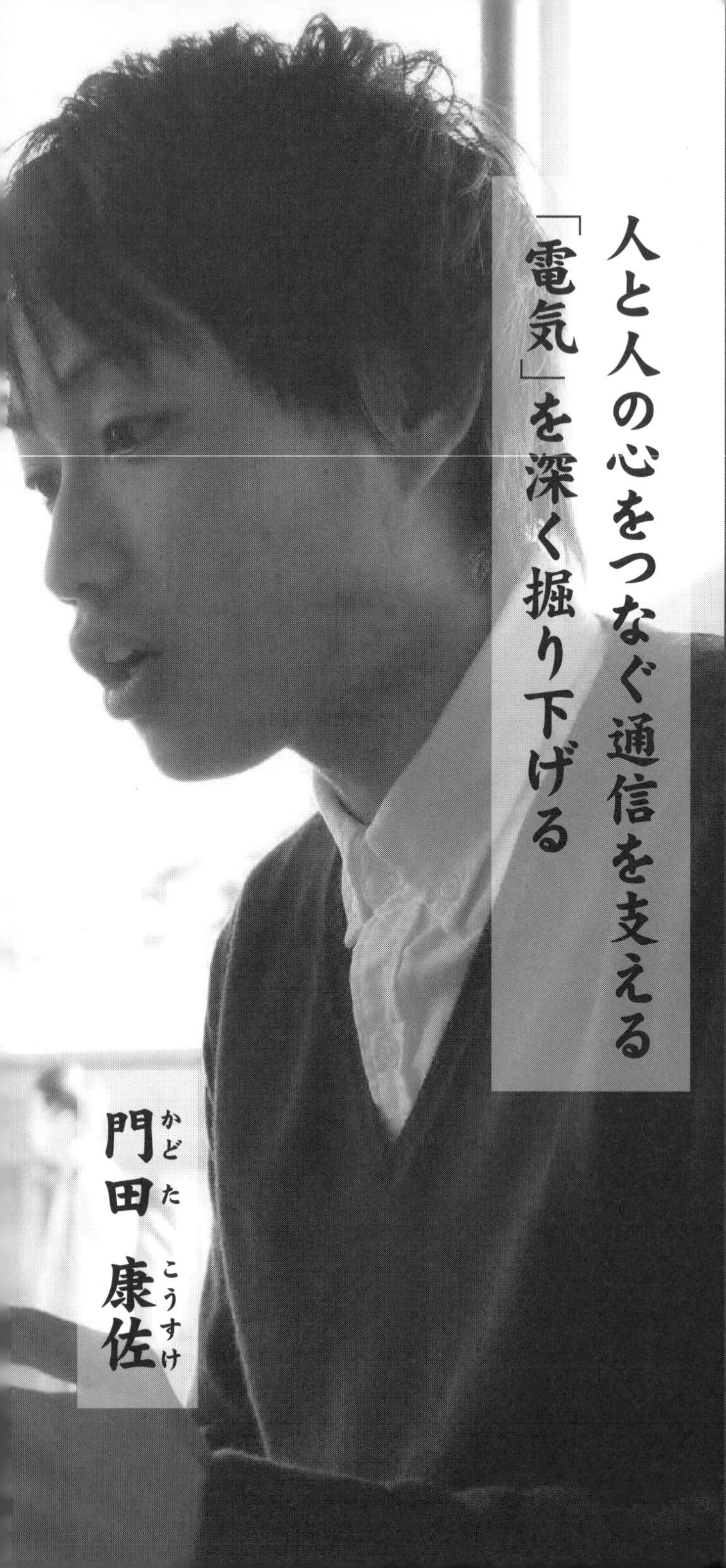

人と人の心をつなぐ通信を支える「電気」を深く掘り下げる

門田《かどた》 康佐《こうすけ》

文　・佐々木彩
撮影・佐々木彩

情報社会のキーワード「電子」

このところの電子機器の機能の進化は目覚ましいものがある。パソコンはネットで調べものをしたり、レポート作りになくてはならない存在だ。携帯電話やスマートフォンも友達との連絡に手放せない。もはや生活の必需品だ。

これらの高度な情報処理機能をもつデジタル機器も、すべて「0」と「1」の信号の組み合わせで情報を伝達している。その信号を伝達するのは「電子」。理工学部電子工学科は、電気と電子について研究する学部だ。

電子工学が取り扱う範囲は、大きく2つに分けられる。一つはデジタル信号など情報の信号化、光、超音波、電磁波など通信媒体、通信の手段となる情報通信機器といった「情報の伝達」をテーマとした「通信工学」だ。

もう一つはICやLSIなど情報通信機器に不可欠な「電子材料」を研究する「電子デバイス工学」だ。

電子工業の分野で、日本が世界をリードをできた理由の一つに、この「通信工学」と「電子デバイス工学」の高度なコンビネーションがあった。技術革新がとても速い分野のため、技術環境や産業ニーズの変化に即応できるフレキシブルな発想が必要となる。

電子技術先進国の日本では、学生たちも高いレベルの内容を学ぶ。門田は、そんな電子工学科に在籍する学生の一人だ。

そもそも、愛媛出身の門田は、「都会に行きたい」という思いで、関西の大学を探していた。

「最終的には人数の多さや私立特有の華やかさ。そして同志社のネームバリューで決めました」。

物理が好きだった門田は、電気について学べば、社会に出ても役に立つ予感があった。

ちなみに、電気工学科と、電子工学科。この二つの学科は名前が似ているだけでなく、下級生のころは授業も一緒に受ける。混同されやすい両学科だが、その違いは学ぶ領域だ。

「他学科の人には『電気と電子、どう違うの？』とよく聞かれます。電気工学科はシステムといった電気全体にかかわる大きな範囲を学ぶ一方で、電子工学科ではより専門的に、深く掘り下げるんです」と門田は説明してくれた。

細かい世界を細かく学ぶ

電子工学科の授業では、1年生の頃から実験を行う。高校の時には板書主体の授業がほとんどだったが、大学に入ると、主に実験の基礎となる授業が中心になる。

必修科目では「電気回路学」や「電気磁気学」など、電気の基礎的な知識を身につける授業が多い。4年生になると研究室に配属され、専門度が増す。各自に研究テーマが与えられ、行きたいときに大学へ行き、各々で研究を進めていく。

門田が最も興味を持ったのは、岩井誠人教授と笹岡秀一教授。両者とも通信系を研究している。

門田は、電波について研究している岩井教授の研究室を選んだ。岩井教授はアメリカや日本の企業で働いたこともある、経験豊かな人物だ。

「岩井先生、笹岡先生の両教授に惹きつけられました」と門田は話す。

現在門田は研究の真っ最中。他の研究室では機材を用いて研究を行うことが多いが、通信系の研究室はパソコン1台での勝負だ。自身でプログラミングをし、実際にシミュレーションを行ってから実験に移る、という過程を踏む。

「3年生までに基礎をたくさん学んできましたが、かなり専門的になってきているため試行錯誤の連続です。わからないところがあれば、先生に教えてもらいながらやっています。自分の力だけでは、研究を進めるのは難しいですね」。

親身になって相談に乗ってくれる先生がいるのも電子工学科の魅力だ。

一学年の人数は100名程度。その内の約半数は大学院に進学する。門田もそのうちの一人だ。今の研究テーマである通信を、大学院でも突き詰めていくという。就職活動の明確なビジョンはまだ持っていないが、研究室の先輩から話を聞いて心づもりをしているという。

「僕らが誰かとつながりたいと思う限り、通信は生活に深くかかわるものです。スマートフォンが普及している現代で、通信事業は自分が生きているうちは飽和しないと思ってます」。

電子のつながり、人とのつながり

理工学部は、留年の数も多く、授業がハードな印象が強い。うわさに違わず、実際に、毎年1割程度は留年者が出るという。

「計画的に勉強していれば、なんの問題もありませんよ」と門田は話す。

門田は学生生活を振り返って、大切なものは2つあるという。一つは「自分で学ぼう」という前向きな気持ち。もう一つは「コミュニケーション能力」だ。

「理系だからといってずっとパソコンに向かっているわけでもない。他人とのコミュニケーションをする力は大切です」。

電子工学科には、部活動やサークル活動を楽しむ学生も多い。門田自身も学業と課外活動を両立させてきた。

門田は、研究室で広がった縦や横のつながりも大事にしている。

「せっかく同志社という大きな大学に来ているのだから、文系理系で線を引いてしまうのはもったいないと思いませんか？　思いつきを誰かと話すことで、新たな発見があるかもしれない。人と人とのつながりを生む通信について学ぶのだから、まずは自分自身が人とのコミュニケーションを大切にしたいと思ってます」。

答えてくれた人
門田康佐さん

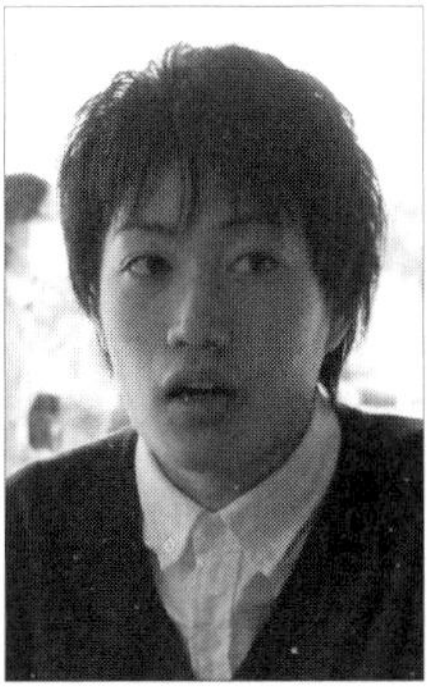

1992年生まれ。愛媛県立今治西高校出身。趣味はネットサーフィン。将来の夢は技術職。

理工学部
機械システム工学科

ハードな学業とサークル活動の両立で濃密な時間を過ごす

秋元《あきもと》 翔太《しょうた》

文　・鈴木芙実
撮影・北田成実

4年で卒業する2つのコツ

「同志社大の理工学部のなかで、最も勉強が大変」というウワサが飛び交う機械システム工学科。授業も、多くの課題も、試験も4年間ですべてクリアしてきた優秀な学生が秋元だ。

彼が語る機械システム工学科の魅力は、なんといっても勉強のやりがいだ。「1日24時間じゃ足りません」と秋元は言う。留年する人が多く、平均卒業年数5年半というこの学科を、4年で卒業するためにはコツがあるそうだ。

第一には、履修科目の組み方。機械システム工学科を卒業するためには126単位必要だ。

秋元いわく、ポイントは「前半先行型」にあるという。まず1年生の時点で、最大登録数である48単位分の授業を登録する。さらに2年生や3年生次には、それぞれ40単位ほど登録していく。そうすれば、4年生での履修科目が必然的に少なくなり、配属される研究室での研究に集中できる。1～3年生のときよりも授業数が減ったぶん、時間に余裕が生まれる。もし単位を落としてしまった科目があっても、4年で再履修できる。

第二に、テスト勉強。機械システム工学科の学生は、テスト期間の2、3週間前から大学の図書館にこもり、対策を練るのが一般的だ。

そこでのコツは「過去問を参照すること」。過去に出題された問題を、先輩や友達から入手し、毎年の出題傾向を知り、十分な対策を練ってテストに臨む。

「計算ミス1つが命取りになります。過去問であらかじめ傾向を知り、十分な対策を練って、テスト当日に確実な計算をすることが大切です」。

なんとも文系のテスト勉強とはまったく方向性が異なる難しさである。この機械システム工学科では、そうして初めて単位取得への道が開かれる。

成績優秀な秋元でも、単位取得が難しかった科目が「材料力学」だ。2年生の必修科目で、この学科の最難関とされる。機械システム工学科の「名物先生」である藤井透教授が担当する講義は、再履修が当たり前。秋元が履修したときの不合格率はなんと7割にも上った。

「たとえ再履修になっても、まわりには『同期』

がたくさんいます。単位を取るまで励まし合える。一緒にがんばれます」。

サークルとの両立で自分を追い込む

秋元の大学生活は、勉強がすべてだけではなかった。授業や課題の合間を縫って両立していたのは、ダブルダッチ。長縄を二本使い、大縄を飛びながらアクロバットをする、観る者を圧倒させるパフォーマンスだ。「このダブルダッチが、大学生活の8割を占めていたといっても過言ではありません」と秋元は語る。

アクロバットを習得するために、何度も練習を重ねてきた。先輩に教わって覚えた技を、時間をかけて後輩に教える。その後輩も、そのまた後輩へ……。伝え続けられてきた技で、秋元は世界大会にも出場した。

「機械システム工学科は休めない授業ばかりです。だからこそ他の人よりも勉強するし、サークルにも手を抜きたくない」。限られた時間で、サークルに参加する。そうすることで、同じ学科の他の学生よりも勉強が遅れているという自覚が生まれ、テスト前のやる気に火がつく。

サークルと勉強を両立することはなかなかのハードワークだが、自分を追い込むことで底力が湧いてくる。とらえ方を180度変えてみると、勉強するにはいい方法なのかもしれない。

大学院でさらなる研究を

4年になって入った研究室では、秋元は機械制御の分野であるトライボロジーについて専攻してきた。トライボロジーとは、摩擦や摩耗、潤滑全般を指す。たとえば、車のエンジンの金属同士の摩擦をいかに減らしていくかは、トライボロジーの範疇だ。秋元は、金属の表面に潤滑油をたらしてできる膜を、分子レベルで観察し続けてきた。

その研究が、自分の趣味につながることもある。秋元の趣味はバイク。バイクを走らせているときにも、ブレーキの制御やオイルの潤滑が頭をよぎる。学科で学んだことと趣味が直結するのも理系学科の特徴だ。

機械システム工学科では、院へ進む学生が多い。秋元もその一人だ。3年生の春休みに、同志社大学院へ進む推薦を得られるのは、学内の成績優秀者だけだ。秋元は、その内定者の一人だ。

「機械システム工学科の勉強は忙しい」と話す秋元。しかし、時間の管理などを工夫することで、勉強とサークルの両立はうまくいくこと、工夫次第で自分のやりたいことはなんでもできることを、自身の体験から証明してくれた。忙しい学科にいたって、楽しむべきことは楽しめる。サークルだって、バイトだってできるのだ。

「ただ、この学科で、どうしても我慢しなければならないことが一つだけ、あるんですよね……」と秋元は言う。

それは女子が少ないこと。約130人いる機械システム工学科。秋元の同学年の女子はわずか3人。もっとも、サークル活動への参加が、その悩みの解消となる鍵となるようだ。

将来の夢について、秋元に聞いてみた。

「まだ具体的には決まっていません。まずは大学院でトライボロジーの研究を進めるなかで、自分の将来をイメージしていくつもりです」。

機械システム工学科で得たものは、その授業内容だけではない。時間の効率的な使い方は、ある意味、一生ものの武器である。きっと秋元は、大学院での研究もうまく進め、さらなる高みを目指していくのだろう。

答えてくれた人

秋元翔太さん

1991年生まれ、大阪出身。浪速高校を経て、同志社大学理工学部機械システム工学科へ入学。大学卒業後は、大学院へ進み、トライボロジーの研究を行う。趣味はスポーツ、バイク、ペットを飼うこと。一人暮らしで、ハムスターを育てている。

理工学部
エネルギー機械工学科

実験と実習で手を動かして、企業が欲しがる「実力」をつける

稲垣《いながき》 良介《りょうすけ》

文　・中園祐介
撮影・北田成実

車と工作が大好きな小学生

稲垣には幼少期から一貫して好きなものが2つある。まずは工作。夏の自由研究では得意の工作作品を提出するたびに、先生にほめられた。

「あとは、小さい頃から、車が好きでした。大気汚染の少ない低エミッションエンジンや、二酸化炭素を発生させない水素エンジンなど、より環境に優しいエンジンについて学びたくて、エネルギー機械工学科に進学しました」。

エネルギー機械工学科は一学年約100人。そこから50人ずつ、2つのクラスに分かれる。

「クラスには見知った顔ばかりですが、ワイワイと騒がしいわけではありません。落ち着いて授業を受けることができます」。

なお、稲垣の学年では女子は6人。人数が少ないぶん、男女とも、みんな仲がよいそうだ。

エネルギー機械工学科は授業の難易度が高く、厳しい教授揃いだと、稲垣は話す。

「必修の授業でもF率（単位不認定率）が70％近いこともあります。クラスのみんなで教え合ったりしてるけど、やっぱり単位取得は大変です」。

単位を取れる人と取れない人の境界線はどこにあるのか？　そう尋ねると、稲垣はしばらく考えてから答えてくれた。

「機械系の授業はやっぱり物理が主流です。高校で習った力学の延長線上にあるんです。物理の勉強が苦手な人は、今けっこう苦しんでます。やっぱり高校時代からの積み重ねが大事です」。

実験や実習、手を動かす授業

エネルギー機械工学科では、1年次から工学の基礎となる物理や数学を座学で学ぶかたわら、多くの実験や実習で「手を動かす」のが特徴だ。テーマに応じて製図して、製作する授業や、機械工学の実験を行う授業がある。

「僕みたいにモノづくりが好きな人は、真剣に取り組みたくなると思います」。

また、主にグレードⅡ（2、3年次）から始まる機械工学専門科目群の授業は「材料コース」「熱・流体コース」「機力・制御コース」「理工学コース」の4つに分かれている。自分が興味を持っているコースを集中的に履修して、より専門的な知識・技術を身につけることができる。

学科の科目のうち、稲垣がいちばん印象に残っていると話すのは、3年生から履修できる「機械設計製作」の実習授業だ。テーマは「椅子の制作」。自分で製図して、実際に椅子を作るのだ。

「一見簡単そうに見えるかもしれませんが、軽くて使用に耐えうる、丈夫な椅子を作るためにはしっかり計算しないといけない。椅子ひとつ作るにも、いろいろ考えないといけないことがわかって、ためになりました」。

4年になると、研究室に所属して研究を進める。「流体工学研究室」「機械力学研究室」「電熱工学研究室」をはじめ、エネルギーに関連した研究室は12ある。そのなかから、稲垣は千田二郎教授の噴霧・燃焼工学研究室を選んだ。

「千田先生は、エンジン研究で有名な方です。話のスケールが大きくて面白かったので、この先生について学びたいと思いました」。

車好きの稲垣の研究テーマはエンジンだ。

「ガソリン車のエンジンについているインジェクタという燃料噴射装置があります。石油資源は有限ですから、より優れた性能をもつインジェクタが求められている。僕はその、インジェクタの研究をしているんです」。

稲垣は、研究を通じて車の見方が変わったと話す。燃費を決めるのはエンジンだけではない、さまざまな要素があることを実感するという。

進学でも就職でも「成績が大事」

卒業後、稲垣は大学院への進学を決めた。

「学部卒業だと1年しか研究室にいられないから、あと2年間勉強したいと思いました。社会に出たとき、企業で通用する人材になりたい」。

進学か就職か。エネルギー機械工学科では、どちらを選ぶにせよ、成績がその鍵を握るという。

進学組は全体の約6割。噴霧・燃焼工学研究室の仲間たちは稲垣同様、エンジン関連の研究希望者が多い。進学は当然学部の成績で決まる。

「院の卒業後は、輸送機器、環境技術、宇宙工学、工業プラントといった分野で、技術者として活躍している先輩がいます」。

一方、残りの4割は学部卒で就職を希望する。

「機械系の企業から求人がけっこう来ます。それで就職を決めた先輩の話をよく聞きますね」。

そういった研究室からの就職斡旋が皆無の文系学生としては、うらやましいようにも聞こえるが、そう簡単ではないようだ。この時重要になってくるのが、やはり成績だ。

「教授が成績優秀者から面談していって、生徒の希望を考えつつ、総合的に判断して、はじめて学校からの推薦がもらえます」。進学と就職。いずれでも成績は大事だ。

「僕自身は、将来、自動車系の企業に就職できたら理想ですね」と、稲垣は話す。

ここまで学業の話を中心に聞いてきたが、稲垣はフットサルとサッカーのサークル2つに所属し、どちらも満喫していたことにも触れておきたい。

「勉強とサークルの両立は可能です。4年になったらどうしても研究室中心の生活になってしまうから、1～3年のうちにサークルやバイト、そして友達と遊んでおいたほうがいい」。

現代生活に欠かせないエネルギー。その利用を、より効率的に、地球環境に優しいものへと変えていくために、「ものづくり」の力を育む。稲垣がエネルギー機械工学科で学んだことは、必ず社会の役に立つだろう。

答えてくれた人

稲垣良介さん

1990年、三重県生まれ。私立鈴鹿高校出身。幼い頃から車好きだったことから同志社大学理工学部エネルギー機械工学科へ進学。趣味はサッカーとフットサル。

理工学部
機能分子・生命化学科

自動車の燃料電池、
世界トップレベルで切磋琢磨

奥野《おくの》紘介《こうすけ》

文　・佐々木彩
撮影・佐々木彩

「化学」を軸に事象をとらえる

「機能分子・『生命化学』科という名前だから、化学が主とはわかっていたけど、もっと生物系の授業の比率が高いかと思っていました。それが、入学していちばん意外だった点ですね」。

そう話す奥野は、京都市内にある同志社高等学校から、同志社大学へ進学した、いわゆる内部進学組だ。奥野は、高校のとき積極的に理系科目を選択していて、なかでも化学と数学、生物が得意だった。奥野は、「得意科目をさらに伸ばしたい」と、機能分子・生命化学科へ進んだ。

入学してみると、その名称から奥野が想像していたほどには、生物の授業は多くなかった。機能分子・生命化学科とは世の中にあるさまざまな事象を、「化学」の観点からとらえることに主眼を置いた学科だ。

そんな機能分子・生命化学科に所属する学生は、一学年およそ100人。1、2年生のうちにさまざまな「化学」を広く学ぶため、必修科目が多いのも特徴だ。時間割はほぼ決まっており、特に1、2年生の間は、みなが似たような時間割で動くため、顔を合わせる機会が多くなる。

「1、2年生のうちは、小さな班に分かれて行う実験がある授業も多く、同学年での交流は盛んです。人数もそんなに多くないから、学科内はみんな顔見知り、全員が友達の雰囲気ですよ。そんな1、2年生のうちに、化学の基礎を固めておくことが重要。一般教養の授業も、早めに受講しておくのがベストです」。

3年で専門、4年で研究室へ

機能分子・生命化学科の授業のなかで、奥野が興味をもったのは、「有機化学」の授業だ。金属や化学反応の解析などを行う「無機化学」とは違い、生物学に近いジャンルを扱う。

たとえば、高校生物で登場する「反応」のメカニズム。生体内に酵素があることで、消化といった反応が体内で起こる。生物のジャンルで学んだことを化学の視点でとらえなおすことは、どちらも得意な奥野にとって新鮮だった。

また、材料について掘り下げた授業も、奥野は面白いと思った。

「たとえばプラスチックや金属といった、僕たちの身のまわりの製品は、大半が化学物質でできています。それらの材料が、どんな原理で作られて、どんな特徴をもつのか。身近だから面白い。突き詰めると、車のボディやテレビの液晶画面が、どういう原理で作られているのかがわかりますよ」。

3年になると選択科目が増える。専門に特化した授業が増え、難易度が上がる。

「3年になったあたりからみんな研究室を意識し始めて、それに合わせた授業を取る人も多いです。研究室は、説明会や先輩たちから伝わってくる情報で決めることが多いですね」。

研究室の配属は4年だ。電気化学、物理化学、生命化学といった7つの研究室から選ぶ。1つの研究室に配属される人数は、およそ11人。

理系の学部といえば、避けては通れないのが留年のうわさだ。試験は圧倒的にテスト形式が多いため、試験勉強には苦労する、と奥野は話す。

「レポート提出の授業はほとんどありません。そして、テストの範囲がとにかく広いんです。機能分子・生命化学科の留年者数は、僕が見た感じでは毎年2、3割程度でしょうか。理工学部のなかでは少ないほうかもしれませんが」。

では、留年を防ぐにはどうしたらいいのか。

「やはり、1、2年生の頃にまじめに勉強しなかった人や基礎知識をつけそこねてしまった人が、痛い目に合っている感じがありますね。3、4年の内容は基礎の発展ですから。それに、成績は研究室の配属にも響きます」。

奥野は続ける。

「先輩からのアドバイスはすごく助かります。1、2年のうちは同学年との横のつながりが強いぶん、先輩と縦に知り合う機会が少ないんです。それを補うのが、サークルです。機能分子・生命化学科の勉強は確かに忙しいけれど、それを理由にサークルに入らないのは、もったいない」。

学科の先輩から教えてもらえる、テスト対策や研究室の情報は、参考になったという。

燃料電池へのあくなき挑戦

機能分子・生物化学科では、およそ6割が大学院へ進学する。奥野もその一人だ。現在、彼は、電気化学系の研究室で、自動車を走らせることを目的にした燃料電池を研究している。

奥野は大学院進学を考えたとき、他大学の院も選択肢に入れていた。だが、そんな彼を同志社にひきとめたのは、稲葉稔教授の存在だった。

「燃料電池の研究に携わっている人なら、稲葉先生の名前を知らない者はいない。それほどの第一人者です」と、奥野は熱を込める。

稲葉教授は、燃料電池実用化のための、ＮＥＤＯ（新エネルギー・産業技術総合開発機構）のプロジェクトリーダーを務めている人物だ。燃料電池の研究をするなら、稲葉教授が一番だ――。そう思い、研究室の門を叩いた。

奥野をはじめ、研究室のメンバーは燃料電池自動車のコスト削減方法について、各々の観点からアプローチしている。

「僕らの研究は、ある意味、分子に向かって挑戦しているようなところがあります。だから簡単じゃない。朝から、夜は2時3時まで。ときには学校に泊まりこむことだってあります。僕の研究室では、みんなが切磋琢磨している。『あいつがんばってるから、俺もやろう』と思えるんです」。

燃料電池研究の最先端を走る研究室に身を置く奥野。薄くひげを生やしたその横顔は、世界トップレベルの研究に携わる充実感で輝いている。

答えてくれた人

奥野紘介さん

1991年生まれ、大阪府出身。同志社高等学校を卒業し、同志社大学理工学部機能分子・生命化学科へ進学。スポーツ観戦・競馬が趣味。将来の夢は、自分の手がけた自動車が普及し、一般道路を走り回ることだ。

理工学部
化学システム創成工学科

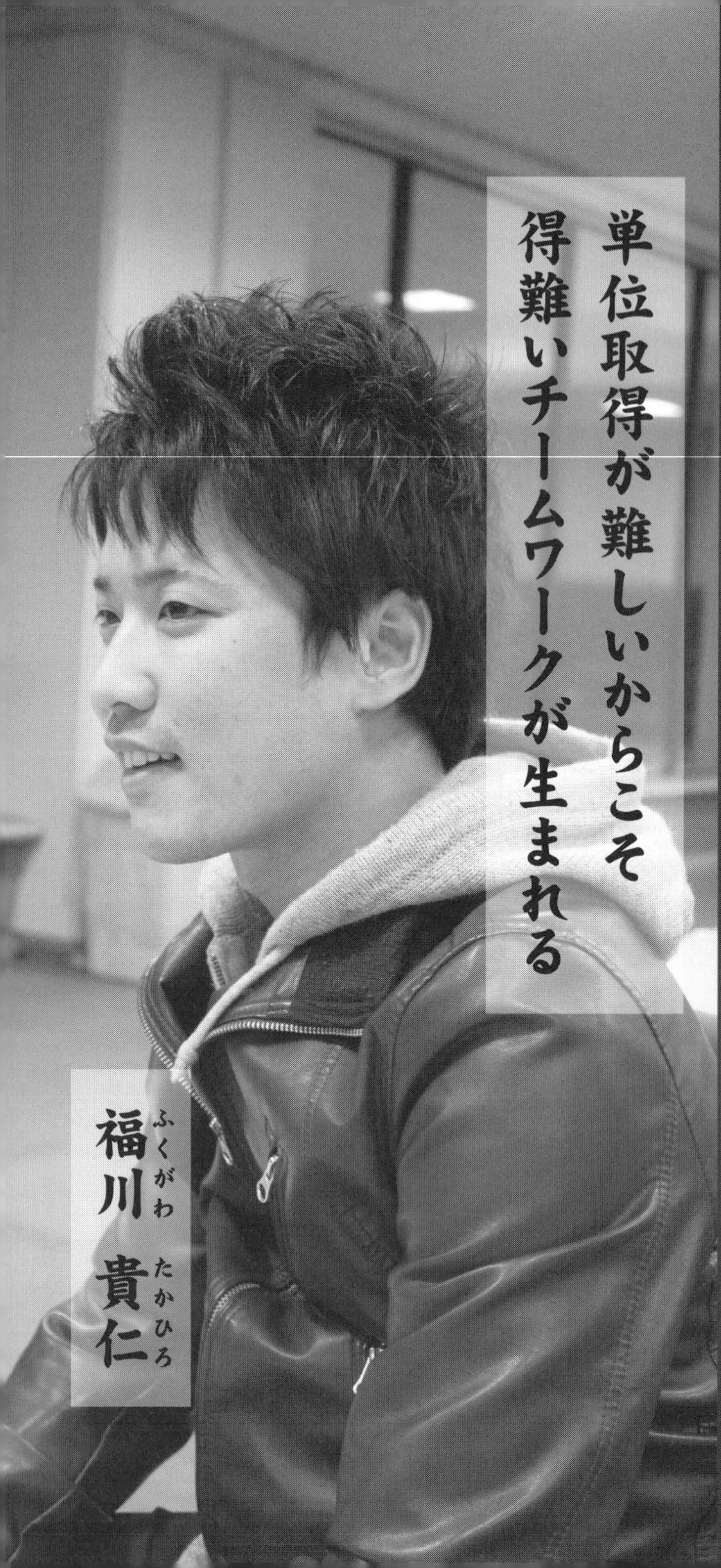

単位取得が難しいからこそ
得難いチームワークが生まれる

福川《ふくがわ》 貴仁《たかひろ》

文　・樋向健太郎
取材・藤井三裕紀
撮影・樋向健太郎

多岐にわたる進路を生む、幅広い学び

理工学部化学システム創成工学科、通称「化シス」。この化シスの最大の特徴は、工学系、化学系などの分野を広く学べる点にある。同じ理工学部のなかでいえば、工学系に特化した機械システム科と、化学系に特化した機能分子・生命化学科の中間に位置づけられるだろうか。

「高校生の段階で、自分が将来何をしたいのか、はっきりとわからなかった。だから化シスの、幅広く学べるところが魅力でした」。

志望理由をこう語るのは化シスに所属する福川だ。福川によれば、似たような理由で化シスを選ぶ学生は少なくないという。

化シスの卒業生たちの8割が院に進む一方で、残った2割の就職先はバラエティに富む。化学分野の知識を活かして、研究所での研究員になる者もいれば、自動車といった工学分野に進む人もいる。あるいは、まったく別の分野の、商社マンや教師といった進路を選ぶ人もいる。

専門性が高い理工学部では、学科によっては卒業後みな似たような方向を目指す傾向がある。やりたいことが明確な人には効率的だが、そんな学生ばかりとも限らない。

「僕にとっては、多くの選択肢があるというのがよかった。化シスには比較的女子が多い。大学進学の時点で理系までは決められても、その先を絞り切れない、僕と似た感覚で志望した女子が少なくない気がします」と福川は話す。

なお、化シスは一学年約100人ほど、うち女性は20人。理工学部の他学科に比べると女性の数が多い。これは他の学科にはない特徴だ。

卒業年数は平均5年半くらい

化シスでは幅広く学べるがゆえの弊害もある。それは留年率の高さである。

「幅広く学ぶ分、他の学部よりも必修科目が多いんです。いろんな説があるので、絶対に正しい数字ではないという前提で聞いてくださいね。僕の体感値でいえば、卒業年数も平均5年半とかじゃないかな」。

学生たちは進級に必死だ。毎期末に訪れるこの

難関に対抗するため、学年問わずに助け合う。

「簡単なテストなんてなくて、どれも対策が必要なんです。勉強は2週間前でも間に合わないほど、しんどい。だからこそ、恐ろしいくらいのチームワークが生まれますよ。過去問は先輩たちにもらうし、その教科が苦手な仲間はみんなで助ける。クラスメートが集まって、わいわいやりながらテスト勉強をすることもあります。『みんなで卒業するぞ！』って感じです」。

単位取得の厳しさが生む、仲のよさもまた特筆すべき特徴の一つだ。どことなく高校の延長線のような雰囲気が化シスにはある。

化シスでは、1年のときに基礎知識を学ぶ。講義は物理と化学にわたる一方、2年では物理実験の授業を、3年になると基礎化学実験を行う。

そして4年になると研究室に配属される。学生はここで専門性を高める。

研究室は、院生含め、2~30人ほどの学生で構成される。どの研究室に入るかは、3回生の終わりに成績と話し合いで決まる。約8割の学生が希望の研究室に入ることができる。

福川は、近藤和生教授と松本道明教授が主宰する生物化学工学研究室で、物質の分離を研究する日々を過ごす。福川が扱うのは、デザートに使われる、ココナッツの液を発酵させたナタ・デ・ココだ。福川は、市販のナタ・デ・ココで膜を作り、透過の研究を行っている。

丸一日、実験に費やす日も少なくない。一時間ごとに試料を採取し、データを記録するのは地道な作業だ。

「計算上、理論上では得られるはずのデータが出ないこともしばしば。うまくいかず、繰り返し実験することもありますが、それも含めて研究の面白さですかね」。

研究室に入ると縦と横のつながりが強くなる。福川の研究室でも、教授と一緒に温泉旅行に行くなど、関わりも多い。

化シスでは8割ほどの生徒が大学院に進学する。院生は、院生の授業に平行して研究を進めていく。下級生の面倒をみるのも院生の役割だ。

「とりあえず大学院に進学する人もいます。院では、就職や自分の将来に関して時間をかけて考えられるメリットがあります」と福川は話す。

理系だからこそ英語を

実験漬けの日々を送る福川は、化シスの長所をこう語る。

「化シスではたくさんの仲間ができた。みんなで同じ授業を取るので、友達になりやすいです。あと、幅広く学ぶぶん、化シスの学生は他の学科より圧倒的に知識の量は多いと思います。いろいろかじっていると興味が広がる。物事に入りやすくなる。学部の時期に自分の視野を広げておくと、いろんな選択肢につながると思います」。

最後に、福川は付け加えた。

「理系を選ぶなら、絶対に英語はやっておいたほうがいい。英語の論文を読んでその要旨を発表、なんて課題はよくある。研究室の留学生の発表や、教授たちの発表も英語。そうなると、質問も英語でしないといけなくなる」。

理系の世界でもグローバル化は進んでいる。世界を相手に研究するからこそ、英語の習得が必須となる。しかし、英語の授業は文系と比べて約半分の時間しかない。それゆえに自分が主体となっての勉強が重要となる。

「入学時の学生たちの理系の知識は、ほぼ横一線です。だけど、英語ができると、頭一つ飛び出せる。強みになるんです」。

答えてくれた人

福川貴仁さん

1991年、福岡県生まれ。私立東明館高等学校卒業。その後同志社大学理工学部化学システム創生工学科に入学し、現在は生物化学工学研究室に在籍している。

理工学部
環境システム学科

物理から化学、地学、生物まで
幅広い科目の習得で、柔軟さを手に入れた

中田《なかた》晴子《はるこ》

文　・鈴木芙実
撮影・北田成実

京田辺キャンパスで防災を学ぶ

物理、化学、幾何学、地学、気候、生物学、生態学。理系科目全般を通じて、多分野的な環境問題を広い視点から考える力を育てるのが、同志社大学理工学部環境システム学科だ。その範囲の広さに魅力を感じたため、中田は入学を決めた。

なかでも、中田の関心を引いた授業が「防災学」である。

中田がこの授業を履修したのは、２０１１年３月11日に発生した東日本大震災の直後だった。中田は防災学の必要性を切実に感じた。

防災学の授業では、災害を想定し、防災対策の方法について考える。もし川が氾濫したらどのように対処すべきか、昔の人はどんな対策をとってきたのか。授業では、実際に京田辺に流れる川を見に行った。

同志社大学の理系の全学部生は京田辺キャンパスで学ぶ。なにかの縁なのだろうか、防賀川を中心に、昔の防災が見えてくる街並みが、この京田辺地域にはある。防災は特別なものではなく、日々の暮らしの延長線上にあるものだ。自分たちが日々過ごす、身近な地域を題材にした授業は、中田に強い印象を残した。

山や川での実習体験

環境システム学科には、他学科にはない野外実習の授業がある。大学の外に出て、自分の目による発見を重視しているためだ。

たとえば、生物系の実習では実際に山を散策し、きのこを採取。そして詳細に観察し、スケッチをする。

また、木津川で水中生物を採取して、分類をする時間もあった。「川に長靴や網などを持参するなんて小学生のとき以来、なんていうクラスメートもいましたよ」と中田は笑う。

採集した虫を「名前はなんだろう」と顕微鏡を見て、調べる。その虫が川に生息する割合を調べれば、川の水質汚染の度合いが分析できる。ひいては、川の生物の食生活や、虫の体の仕組みをみて川の流れの速さがわかる。虫という切り口から川を理解するのが、この実習の目的だ。

さて、環境システム学科には、他の理工系の学部同様、実験の授業も少なくない。電気化学の実験や、薬品を使った化学実験。また、実際に自分で回路を組んで電気を流す実験もあった。

さまざまな実習や実験を通じて、いろんな視点から環境問題に対する考察力をつける環境システム学科。中田が楽しそうに話す授業の様子を聞くにつれ、彼らがどれだけ幅広い分野の勉強をしているかがわかる。

しかし、範囲の広さが裏目に出ることもある。どうしても、科目のなかで得意不得意のばらつきが出てしまう。中田の苦手分野は物理。苦戦を強いられた学科だ。高校時代の選択科目によっては、いちども専門科目の教科書を見ることもないまま、大学に進学する学生もいる。

「高校時代に習ったことのない科目を学ぶのを、不安に思う人もいるかもしれませんね。でも、私だって苦手な物理もなんとかなりましたから、大丈夫だと思いますよ」と中田は話す。

中田の場合、物理は先生や友人に教えを乞い、単位を取得してきた。

「この学科は、実習が多いぶん、友達ができやすいのがいいところです。グループになって調べものをする機会が多いから、お互いの性格もわかるし、友達の輪が広がる。友達だけじゃありません。実験をサポートしてくれる院生や、アシスタントしてくれる学部の先輩もいます」。

縦のつながりがあれば、履修計画や将来についても相談しやすい。先輩とのつながりがもちやすいのも、環境システム学科の魅力だ。

技術営業という職種も人気

環境システム学科では、学部で柔軟な考察力を育成したのちに、専門分野を深めていくために、院へ進む学生が多い。進学先は同志社の大学院だけに限られてはおらず、京都大学や大阪大学を選ぶ学生もいる。

また就職先として、理系職全般は人気だ。研究職の内定をもらっている人は多い。また、コンピュータプログラムを組み立てるプログラマー、研究者、コンサルタントなどの職に就く人もいる。

「他の学科に比べると、環境システム学科の卒業生の進路にはちょっと特徴があるかもしれません。営業の仕事に就く人が、意外と多いんです」。

営業＝文系が就く仕事とたいていの人はイメージするだろう。だが、医療機器や工学機械を販売する会社で必要なのは「技術営業」だ。機器を作る技術者をサポートしながら、大学や病院に対して営業をかけるためには、理系のベースが欠かせない。専門性の高い顧客に対し、商品の特性を的確に伝えるには広範な知識がいる。環境システム学科で学んだことが存分に生きる職業なのだ。

環境システム学科で学んで、自分のなかで何が変わりましたか、と中田に聞いてみた。

「いろんなことを勉強できて、物事のとらえ方が変わってきたように感じています。思ってもいないところで何が起こるかわからない。いろんなことを、いろんな風にとらえるのって大切だなあと思っています」。

そして、今まで関わったことのないジャンルに足を踏み入れやすくなったと、彼女は続けた。

「これから就職するにせよ、進学するにせよ、新しい課題がつねに降りかかってくると思います。なにかこれから新しく勉強するときに、すっと入り込みやすい。そんな応用力というか、実力が身につけられる学科じゃないかな」。

環境システム学科で柔軟な思考を得た中田。彼女の今後の活躍が楽しみである。

答えてくれた人

中田晴子さん

滋賀県出身。比叡山高等学校を卒業後、同志社大学理工学部環境システム学科に入学。趣味は音楽で、「いずれ海外の音楽フェスティバルに行ってみたい」と話す。

理工学部 数理システム学科

「ありがとう」が聞きたくて 数学教師の夢に向かって突き進む

松《まつ》井《い》 元《げん》気《き》

文　・鈴木芙実
撮影・北田成実

感謝の言葉をきっかけに

「ありがとう」。

中学生のとき、数学を友達に教えたときに言われたこの言葉がきっかけで、松井は数学の教師を目指した。夢をかなえるための進学先として選択したのが、同志社大学数理システム学科だ。

数理システム学科では、数学そのものと数学を利用した学問全般、いわゆる数理科学を学ぶ。

数理科学は大きく、純粋数学と応用数学の二つに分けられる。いわゆる数学理論を追求するのが純粋数学だ。一方、現実にあるシステムのモデル化や定式化を学んだり、数学理論を用いて社会現象の解析を行ったりするのが応用数学である。

たとえば、株式市場で数理科学は使われている。証券市場での株のやりとりを定式化することで、証券価格は決まるのだ。また、保険の価格を決めるのは保険数学、銀行で利子や利息を決めるのは金融工学。いずれも応用数学のジャンルだ。

近年、ビッグデータの分析やシミュレーションなど、数理数学を学ぶ重要性は高まっている。データ社会の「縁の下の力持ち」といえるかもしれない。実際、数理システム学科出身者は、金融やマスコミ関係での需要が高い。

「でも、身近な職業のせいでしょうか、僕の学年では約20％の人が数学教師志望です。数学教師になりたい人におすすめの学科です」と松井は話す。

なぜなら数理システム学科は教員養成に力を入れており、教員免許取得に必要な科目が履修しやすいのだ。こんなカリキュラムを組んでいるのは、理工学部内で数理システム学科だけだ。

代数学からプログラミングまで

数理システム学科で、松井のおすすめの授業は、岡崎龍太郎准教授の「代数学」。図形に関する数学を学ぶ、幾何学の授業だ。岡崎准教授の数理ゼミナールでは折り紙を用いて図形の説明してくれるのでわかりやすく、楽しかったと松井は話す。

また「地道な数学の計算が得意な人に向いている」と松井が言うのが「線形代数学」だ。高校で習った「数学B」の応用のため、高校時代の懐かしい気分を味わえるという。

またコンピュータを用いたプログラミングの授業が多いのも、数理システム学科の特徴だ。紙と鉛筆で計算するだけではなく、パソコンのソフトを用いてアルゴリズムの仕組みや、エクセルのマクロを使い行列を学ぶ。

「プログラミングの授業は、とにかく実用的で、将来使えそうな内容です。紙と鉛筆を握って数式と格闘するばかりでは疲れてしまいますから(笑)、ソフトを駆使した授業は、ある意味、いい息抜きにもなりました」と、松井は語る。

プログラミングのなかでも、おすすめは2年生で学ぶ「C言語」。現在、最も普及しているプログラミング言語だ。たとえば車のカーナビも、C言語でプログラミングされている。

松井の卒論の課題は、C言語を使ってカーナビに対抗するソフトのプログラミングだった。出発地から目的地までの最長距離を出す研究を行った。研究は見事に成功した。

まるで一つのクラスにいる感覚

毎年、1年生の必修科目は毎週木曜日の1、2限目に行われる「解析学」だ。高校の数学の授業で学ぶ「微分・積分」の応用的な位置づけで、数学の基礎となる。高校の知識だけでは解けない。数理システム学科に入った学生全員が悩まされる。約半数が単位を落としてしまうほどだ。

解析学のテストは3時間にも及ぶ。そのテスト勉強に必要なのが、学科内の友達だ。授業中に互いに協力し合ったり、テスト前に一緒に勉強したり……。友達ができやすいのも、数理システムの魅力だ。それもそのはず、松井の学年は40名で、そのうち女子は6名。

「40名全員で授業を受けることが多く、高校の授業構成に似ています。まるで一つのクラスのように一緒にいる感覚で、困ったときに助け合いやすいんです。進路やプライベートについての相談も、気軽にしやすい」。

しかし、助けてくれるのは友達だけではない。1年生のときから、定期的に設けられている「アドバイザークラス」では、教授1人に対し、4、5人の生徒が勉強や進路について相談する。教授が親身になって話を聞いてくれ、必要に応じて共に解決してくれるのだ。少人数制度だから実現するぜいたくな関係だ。

「もちろん教授が全員のことを覚えていてくれることはうれしいんですが、授業をさぼったりすると、それが裏目に出ることもしばしばです」と松井は笑った。

教師のしんどさとやりがい

教育実習を経て松井が痛感したことがある。それは、教師が「しんどい職業だ」ということ。たった1枚の計算練習プリントの準備に2～3時間はかかる。しかし、生徒は授業が終わればすぐに捨ててしまう。その場面を目撃した時の悲しさは耐えられないものだった。

「それでも、教師は楽しい職業だと思いました」。

実習生である自分が「先生」と呼ばれ、生徒が、質問をしに来てくれたとき、うれしかった。そして、教えた後の「ありがとう」という言葉。

「疲れがふっとびました。しんどい職業であると同時に、やりがいにも気づきました」。

数理システム学科の4年間で、中学生のころからの夢に確実に近づいた。教育実習で再確認した「ありがとう」という言葉のあたたかさ、そして数々の授業で伸びた数学力。これらを活かして、松井は素晴らしい教師になるに違いない。

答えてくれた人
松井元気さん

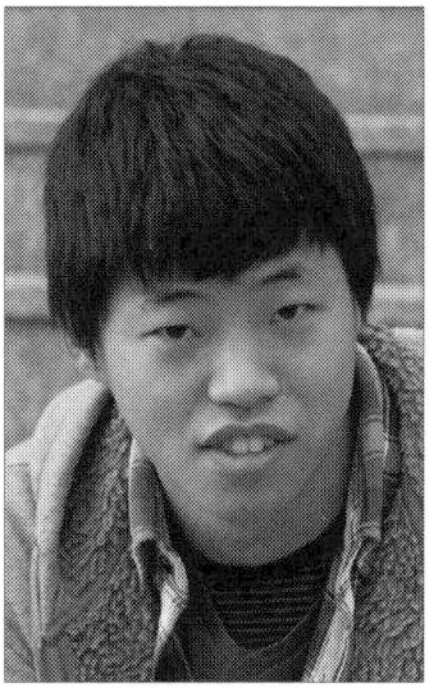

1992年生まれ、大阪府出身。大阪国際大和田高校卒業後、同志社大学理工学部数理システム学科で学ぶ。将来の夢は数学教師。

生命医科学部 医工学科

医学と機械の融合で 医療をサポートする技術の最先端へ

花崎《はなさき》俊樹《としき》

文　・中園祐介
撮影・北田成実

医学と工学の融合に惹かれて

花崎はもともと国公立の医大志望だったが、2年間の浪人を経て、私学の理系学部に進学先を切り替えた。医学がベースであることに魅力を感じ、2008年当時創設されたばかりの生命医科学部に関心をもつ。

「医者になりたかったんですが、機械を触ることも好きでした。医学と機械、どちらにも面白さがあります」。

医学と機械の融合をテーマに掲げている医工学科では、介護ロボットや生体材料などの知識をはじめ、医学と工学それぞれの専門分野における最先端の技術を学ぶ。

1、2年次の中心となるのは、花崎いわく、「高校の延長線上の、基礎固めの時間」だ。座学が中心で、物理、化学、生物、数学などの分野を広く掘り下げていく。この基礎が3年以降の研究の土台になることは言うまでもない。また、C言語を用いてのプログラミングや、ロボットの制御など、医工学を学んでいくうえで重要な知識を深めるのも、この時期だ。

もちろん、1年次から実験も行う。実際に手を動かして、座学で学ぶ理論と現実のあいだにある溝を埋めるのだ。

たとえば、10個の細胞を培養したら、いくつになるか？　机上の計算だけなら、数学で求められる。だが、実際の実験では「細胞をどう培養するか」、その日の気温で答えが変わる。それが生物学なのだ。こういった実験を通じて、データの扱い方や論文の書き方も学ぶ。

授業のなかで、花崎が特に面白かったと振り返るのが、仲町英治教授の医用設計工学実習だ。仲町教授は、生体に害のない新規機能材料・機能薄膜の創製・加工技術の開発が専門だ。

花崎が受講したのは、人工心臓のポンプを設計する授業だ。半期をかけて血液の流量の変化などを計算し、ポンプの設計図を作る。図面が出来たら実際に切削。模型を組み、最後に水を流して性能試験を行う。

「医学の知識と工学の技術、どちらも必要で、『これぞ医工学だな』と思いました。ねらった通りに水が流れた時はやっぱりうれしかったです」。

工夫をこらし、一から作り出す人工心臓模型。性能試験が成功した時の喜びもひとしおだ。

成績が一目瞭然！　研究室選び

医工学科の1学年の人数は100人。授業内容に応じて50人ずつに分かれて受けることもある。また、実験の際はさらに4～5人ずつに分かれて行うため、「みんな顔見知りになれるし、仲よくなれる」という。

3年生になると研究室を決める。医工学科の研究室は全部で8つあり、研究対象はさまざまだ。人体の角膜を培養し、再生医学的な治療法の確立を目指す医療よりの研究室もある。

医工学科は研究室の決め方が特殊だ。なんと決定日に全員が一部屋に集められ、成績順に座らされる。「みんなに成績が丸わかり」の状態で、GPA順に研究室へ希望を出して決めるのだ。なんとも明瞭な実力主義ではないか。

「確実に第一希望の研究室に入りたいならば、日ごろからの授業への取り組みが欠かせません。また、TOEICの1000分の1がGPAに加算されて考慮されるため、英語力も必要です」。

花崎は現在大学院に進み、材料の機械的特性などを研究する田中先生と片山先生の下で、炭素繊維複合材料（CFRP）の機械的特性評価を専門的に学んでいる。CFRPは軽量で強度を併せもつため、飛行機に利用される素材だ。熱や圧力を与えて、樹脂の種類や割合を変えることで、より実用的なCFRPを生み出す研究をしている。

研究室では院の2年生がトップに立って、いくつかグループを作る。リーダーとなった院生は教授からの指示を受けて、メンバーと協力して研究を進める。

「学部生は院生から多くのことを教わるため、縦のつながりが非常に強くなります」。

花崎が「学科の特色が上手く出ている」と感じるのは介護ロボットの研究室だ。コンピュータの制御の知識と人間の生体の知識、どちらも必要だ。このように、医工学科の研究室では将来多くの人に役立つ機器を、さまざまなアプローチで研究している。

院卒業後は、ほぼ全員技術職に

卒業後の進路は大学院に行く人が６割。その大半が同志社の院へ進学する。

残り４割の就職組は、理系営業職が多い。技術職に就く人は「ちらほらいる」程度。中高理科の教師の免状を取っている人は１学年10人強ほどいるが、実際になる人はごく稀だそう。

院卒の人は、ほとんど全員が技術職になる。大多数が機械系、材料系、自動車、金属加工、繊維の各メーカーへと就職する。

「自発的で考えて、他人と協力する力が備わっているのが、この学部卒の強みです。もしかしたら授業内容は国公立の方が上なのかもしれないけれど、こういうアピールポイントがあるからこそ、多くの卒業生が希望通り、エンジニアになれているのだと思います」。

「医学知識と機械。医工学科が教える範囲は広いから、そのぶん学ぶことも多くなります。理系だけど自分が何をしたいか、考えがまとまってない人であっても、進むべき方向が見えやすい。目の前のことをまじめにやったら、結果はついてくると感じています」と花崎は話す。

医療と工学を融合させた医工学という新しいジャンル。その二つに特化した深い知識が得られるから、卒業後の可能性は広がって行く。

答えてくれた人

花崎俊樹さん

１９８８年、富山県生まれ。富山県立富山第一高校卒業後、同志社大学生命医科学部医工学科を経て、12年生命医科学研究科医工学コースに進学。専門は炭素繊維複合材料の機械的特性評価。趣味はスキーと自転車。将来の夢はエンジニアとして業界を動かしていくこと

生命医科学部
医情報学科

「コウモリは医療の未来を知っている!?」医学を技術から支える

吉岡《よしおか》 弘樹《ひろき》

文　・渋谷充彦
取材・藤井三裕紀
撮影・北田成実

医療を裏方から支える人材に

「医療系に進みたかったんですが、実は血が苦手なんです（笑）。そうやって探していくと、この学部にたどりつきました」。

生命医科学部の医情報学科で学ぶ吉岡は、志望理由をこう回顧した。生命医科学部は、新たな医療技術について研究する学部だ。医療を裏方から支えることを目指す学生が集まる。

「臨床の現場に行くのではなく、医療器具を研究している点が、気に入りました」。

生命医科学部には、医工学科、医生命システム学科、医情報学科の3つの学科がある。医工と医生命システムはそれぞれ機械設計と細胞学などを専門に学ぶ。それに対し、この医情報学科では、プログラミングなどコンピュータ系が中心だ。MRIなど、医療現場で使われる機器の回路の原理やプログラミングに長けた人材を育成する。

「電気系の授業が多いですね。化学よりも物理系の色が強いです」。

授業の構成にも特徴がある。1年のときの時間割の大半が必修で占められる。つまり1年生のうちに基礎を学ぶのだ。高校のときに物理を学ばなかった人も、最初から勉強できる。

2年生になると、選択科目が増える。3年生になると専門性が高まり、4年生からはゼミが始まる。言うなれば、ゼミで研究するために知っておくべき基礎を、3年生までに終わらせる方針でカリキュラムが組まれているのだ。

コウモリの空間把握力を解明

吉岡は飛龍志津子准教授のゼミに所属する。そこで研究のテーマは、コウモリの超音波だ。

コウモリは、目がほぼ見えないのにもかかわらず、他のコウモリや周囲に衝突せず飛行する。なぜ安全に飛べるのか？　そのカギが超音波だ。コウモリは、跳ね返ってきた自分の超音波を聞いて、空間把握をして飛んでいるのだ。

「コウモリは、コンピュータでも及ばない、非常に高精度な計測を行います。その空間把握力を飛龍ゼミは解明しようとしているんです。この空間把握力を活かせば、将来、目の見えない人が安心して道を歩けるようになるかもしれません。また、ロボットにも応用できるはず」。

そんな思いで、吉岡は研究に励んでいる。

コウモリの実験は、室内と野外で行われる。室内実験は、実験室にカメラと、超音波を録音するマイクを並べて、捕獲してきたコウモリを放つ。一方、野外実験は野生のコウモリが来そうなところにマイクを立て、待ち構える。

室内実験は夕方から行うが、野外実験は日中から準備し、19時頃から1、2時間かけて行う。夜行性のコウモリに、人間の行動を合わせる必要があるのだ。「夜に田辺キャンパスでうろうろとコウモリを探す人たちを見かけたら、間違いなく僕ら飛龍ゼミのメンバーです」と吉岡は笑う。

卒論は、ゼミ生がそれぞれ個人で書く。吉岡の卒論のテーマは、「コウモリが複数で飛んでいるとき、どうやって自分の超音波を聞き分け、衝突を回避しながら飛んでいるのか」だ。

ちなみに室内実験で使うコウモリは、なんと自分たちで捕獲したもの。田辺キャンパス最寄りの、JR三山木駅周辺の高架下で寝ていたコウモリを捕獲し、実験室で飼育している。また、キャンパス上空を飛んでいた野生のコウモリでも実験を行った。自然豊かな京田辺キャンパスならではだ。

部活との両立で濃密な時間を

吉岡おすすめの先生は、やはり飛龍准教授だ。「どんな人にも、優しくわかりやすく教えてくれるので助かります」。飛龍先生の、質問に丁寧に応じてくれる姿が、人気の理由のようだ。

必修科目が多い3年生までは、週1回の実験が、先生の指導を受ける絶好の機会だ。10人ほどのグループに先生1人が付いて教えてくれる。

「実験の機会はたくさんあります。また授業も少人数で行うものが多いので、友達ができやすいですよ」と吉岡は話す。

医情報学科の一学年の生徒数は約100人。男女比は3対1、これは理系学部全体を見渡せば女子が多い学部といえよう。

今や最終学年となった吉岡は医情報学科での学びを満足げに振り返る。

「1、2年生で生物も化学も、幅広く勉強できました。この学部で学んだ人間の体の仕組みは実生活でも使えます。また、リアルな医療現場について知ることができたのもメリットです」。

医情報学科は数学・理科そして情報の3つの免状が取れる。吉岡は教職の免状を取得した。

そんな彼は卒業後、地元の京丹後市で公務員を目指す。学部全体で公務員試験を受けるのは3人程度で、吉岡は少数派だ。多くの学生が就職をせず、大学院へ進む。2008年開設と新しい学部ということもあり、就職に関するデータはまだ少ない。今後のOBの活躍に期待が集まる。

生命医科学部では、教職を取るのに必要な授業が卒業単位に認定されるとはいえ、両立は忙しいものである。それに加え、吉岡は体育会アーチェリー部で主務を務めていた。

「アルバイトもしていました。でも、忙しいくらいが、僕にはちょうどいいんです」。

もちろん部活を言い訳に勉学をおろそかにしてきたわけではない。文系に比べ難易度が高い理系での学業にも力を入れてきた。

「だって、忙しいと時間の密度が濃くなりますよね。そのほうが楽しいですから」。

本人の努力で、大学生活は充実したものになる。医情報学科でコウモリを追いかけ続けた吉岡、今度は彼自身がどんな飛翔を遂げるのだろうか。その行方から、目が離せない。

答えてくれた人

吉岡弘樹さん

1991年、京都府出身。峰山高校を卒業後、同志社大学生命医科学部医情報学科に入学。体育会アーチェリー部に所属、4年のときに主務を務めた。

生命医科学部
医生命システム学科

人間の大切さを知り、生命を救える人になりたい

波多野《はたの》 華恵《かえ》

文　・中園祐介
撮影・佐々木彩

人体解剖を見学、充実のカリキュラム

生命とはなにか？　私たちはいかに生を受けて、成長し、老い、死んでいくのか？　広い意味での生命現象について知りたいと思い、生命医科学部医生命システム学科を波多野は選んだ。

「高校の時は数学と物理はさっぱりだったけど、運よく入学できました。理系の学部は『理系科目が全部できないと入れない』というイメージをもたれがちですが、そんなことはありません」。

全国各地から集まってくる新入生は一様ではない。医生命システム学科では1年のときに、理系科目の基礎を学び直す科目が用意されている。

「学年が上がるにつれ、高校程度の内容はわかって当然という前提で授業が進みます。高校のときに挫折した科目でも、必要性を感じれば、大学で一からやり直せます。苦手科目があっても心配する必要はありません」と波多野は話す。

医生命システム学科の4年間の大きな流れは次の通り。1、2年次に人体に関する基本的な知識を座学と実習で得る。3年次から専門的な科目を学ぶ。そして、4年次になると研究室に所属し、実験を行いながら卒業論文を書く。

「1年のときにマウスの解剖やDNAに関する実験も始まるんですが、なかでも解剖は印象強かった。私の場合、やっていて楽しいと感じた実験が、研究室選びにつながりました」。

また、波多野が、医生命システム学科を選んでよかった理由の一つとして挙げるのが、提携する大学医学部の附属病院で見学した人体解剖だ。

「解剖医が実際に解剖をしつつ、人体構造を説明します。ご遺体を目にする衝撃はあったけれど、それ以上に貴重な体験でした。他大学にも同様の学部はありますが、医学や解剖学を学ぶ機会は、同志社は恵まれているように感じます」。

院提携研究室で一貫した研究も

「単位は、理系のわりに取りやすい授業が多いと、私は感じています。もちろんがんばらないと取れない必修科目はあるけれど、基本的にしっかりと出席して授業を聞いていれば大丈夫だと思う。ただ数回に1度出す実験のレポートは量が多くて、

慣れるまではちょっと大変でしたね」。

医生命システム学科は一学年あたり約60人、みんな顔見知りだ。テスト前には、学内のラウンジで友達と勉強するのが恒例だったという。

「また、他学科よりも専任講師の数が多いのも、すごくいい。助教も含め、学生4人あたりに先生1人くらいの割合です。患者さんを治療してきた臨床医も、ずっと研究畑を歩んできた先生もいらっしゃる。だからいろんな話が聴けます」。

術中の映像や病態の写真を見ながら、治療の現状・課題について学ぶ授業もあり、いろんな立場から見た医療を意識する機会が多いと波多野は話す。

4年に始まる卒業研究は、3年秋の説明会をもとに希望の研究室を選び、年内には配属が決まる。分子生命分野、神経科学分野、システム生命分野に9の研究室がある。同志社の大学院である脳科学研究科とも連携しており、そちらで研究を行うことも可能だ。そのまま大学院に進学すれば、3年ないし6年一貫で研究ができる。

研究室の人数は1学年5~10人ほど。波多野は現在野口範子教授の指導のもと、システム生命科学研究室で、細胞死に関する研究を行っている。

「今は近年新しく見つかった細胞死について研究をしています。脳梗塞や心筋梗塞がなぜ起こるのか、その理由を探しています。うまくいけば、治療法がない病気に活路を見出すことができる」と研究の意義を、波多野は熱く話してくれた。

ゼミの雰囲気は「普段は真面目だけど、みんなで旅行にいったり飲み会を開いたり、交流の機会が多くて楽しい」。そんなゼミは、院の先輩からアドバイスがもらえる絶好の機会だという。

発見の連鎖を生むきっかけになる

生命に関する研究では、数年程度の成果がそのまま治療に活きる例は少ない。しかし科学雑誌に自分の論文が掲載されることは珍しくはないし、大きな励みになるそうだ。

「自分の研究成果をもとに、さらに他の研究者が新しいアプローチを生み出していくのが面白い。発見の連鎖は、研究の醍醐味ですね」。

卒業後の進路はさまざま。就職する人は医療機器メーカーや製薬会社の営業が多い。また、金融やIT、電機メーカーなど異なる分野を選ぶ人もいる。一方で院に進学する人は6割ほどだ。

「卒業後も研究一筋に歩む人もいれば、自分が研究した内容を就職先で別の形に活かすことだってできる。また、実際に人命を助けうる研究に自分も携われる。この学部では、誰にでもすごい研究成果を出すチャンスがあるんです」。

生命に関わることを深く学べる学科だから、卒業後の進路には大きな可能性を秘めているのだ。

「医生命システム学科は、学ぶ内容が幅広いのが特徴です。入学後に自分に合った道を見つけた友達もいれば、新しい道を作り出していく先輩もいます。具体的な将来が見えていなくても、まったく問題ないと思います」。

発展途上の分野だからこそ、自分の進みたい方向に応じて、学んだ内容はどうにでも活かせる。医生命システム学科では、人の命に関する新たな発見を見つけていくことができるのだ。

「柔軟にいろんなものを受け入れて、融合して行くのが生命現象の研究において重要だと私は思います。生命科学はまちがいなく今後、発展していく分野です。たとえばベンチャー企業でも、バイオ産業の注目度は高い。この学部で人命の大切さをあらためて確認して、将来は人の命を救う方面で役立つ人が増えたらいいなあと思います」。

答えてくれた人
波多野華恵さん

1991年生まれ。滋賀県出身。同志社女子高校卒業後、生命医科学部医生命システム学科へ進学。趣味は音楽鑑賞。将来の夢は新しい研究を人に伝える仕事に就くこと。

スポーツ健康科学部
スポーツ健康科学科

身体を動かすだけじゃない 社会を変え得るのが「スポーツ」

西池《にしいけ》 和洋《かずひろ》

文　・木許良咲
（写真は本人提供）

実技のみならず、座学を重視

同志社ラグビー部は、紺とグレーの横縞のユニフォームで知られる名門だ。そんな「紺グレ」軍団に憧れ、西池は同志社への進学を決めた。もしラグビーの強さだけなら、関東のほかの大学という選択もあったはずだ。

「ラグビーはもちろん重視していましたが、加えて将来に役立つ授業が受けられる学科を選びたかったんです。かっこいい言い方をすれば、文武両道ですね」。

スポーツ健康科学部のなかにある唯一の科が、スポーツ健康科学科だ。学問の中心にスポーツがあるため、西池は運動が大好きな自分への適性が高いように感じた。

この学部学科名を聞くと、身体を動かして汗を流すイメージが浮かぶ人が多いのではないだろうか。しかし実際の授業は座学が中心だ。

「体育学部とは違いますから、実技に重点を置いているわけではありません。『観戦は好きだけれど、スポーツそのものは得意じゃない』という学生もいます」。

ちなみに体育会に所属している学生ばかり、とのイメージもある。西池によれば、「他学部よりも少し多い」程度だそうだ。

知識と経験が一致する

では、座学ではいったいなにを学ぶのだろうか。西池は「スポーツ健康科学部で勉強したことで、いろんな視点からスポーツを見ることができるようになった」と話す。

スポーツ健康科学部は文理融合、すなわち理系と文系両方の授業があるのが特徴だ。

理系の授業はスポーツバイオメカニクス系といわれる分野。力学や生理学、解剖学などの知識を活用して、身体運動の仕組みをより深く理解するための応用学だ。たとえば、身体に機器をつけて最大酸素摂取量を測定するなど、科学機器を使った実験を行う。個人ではなかなか使えない専門性の高い機械を使ってデータをとる、大学ならではの少人数制の授業だ。

文系の授業では、横山勝彦教授のスポーツ政策論がある。ここでは、今後のスポーツがどうなっていくかについて学ぶ。スポーツ政策論は、社会学と関連する分野でもある。「実社会で実現できそうなことを題材にしてくれているため、夢を感じます」と西池は言う。

他にも魅力的な授業は多い。藤澤義彦教授の競技者育成システム論とスポーツ測定評価論では、トレーニング科学を扱う。運動をしている人すべてにとってためになる内容だ。また、柳田昌彦教授の健康管理論は、日常生活での健康維持に役立つ上に、先生はユーモアがあって話が面白い。

現在、西池は冨居富教授のゼミで、コーチングについて研究をしている。コーチングとは、人材育成の技法の一つで、対話により、目標を達成するために本人が取るべき行動を促す手法だ。冨居教授はスポーツにおけるコーチングを定量化する研究を進めている。

冨居ゼミで、西池は「コーチングは人に教えることだけではない」と学んだ。たとえばある先輩の卒論のテーマは、ラグビーのタックルの成功率がどう勝敗に影響するか。成功率をデータ化して、指導に役立てることもスポーツコーチングの一環だ。教えるという行為を多方面から見つめなおすことで、さまざまな広がりがあるのだ。

また、自分がラグビーをしているからこそ、知識が血肉となることもあるという。たとえば、コンディショニングという体調を整える分野で得た、熱中症予防の知識はそのまま部活動でも活きた。逆に、ラグビーを通して、経験で知っていたことが授業で解説されることもある。

「座学で学んだことと、自分の体が覚えたことが一致する。あるいは、一つ一つ個別に知っていて、まったく関係ないと思っていたものがつながる。そんなとき、より授業が楽しく感じますね」。

新しい学部だからこそ

スポーツ健康科学部は開設されて日が浅く、西池はまだ3期生だ。入学当初、卒業生がいなかったため、就職先に不安があったという。西池自身「卒業後は警察官やアスリートとして進む人が多いのかな」と、漠然と思っていた。

しかし卒業生の就職先は、思っていた以上に幅広かった。理系の授業での成果をアピールして、化学やスポーツ系のメーカーに入る人、まったく関係のない金融系に進む先輩。教員免許を取り、体育教員を目指す人。もちろん大学院に進む学生だっている。

スポーツ健康科学部の授業は、4年間京田辺キャンパスで行われる。スポーツ健康学部は他学部とは違い、授業は遅くても5限まで。そのため早い時間から部活に行くことができるので、体育会に所属する学生にとってはありがたい。

ただ、難点もあるという。

「正門からちょっと遠い磐上館での授業ばかりなので、次の時間に一般教養がある時は、教室に向かうだけで、休み時間が終わってしまうんですよ。おかげで、教室間の移動がすごくすばやくなりました」と西池は笑う。

オリンピックといったイベントや、健康維持、コーチング。スポーツ健康科学部の枠組みのなかで取り上げる研究内容は、思いのほか広い。一生を健康に過ごすことは、老若男女、誰にとっても一生の関心ごとだ。アプローチによっては、社会を変え得る。

他大学の体育学部とは違う、ここでしか学べないものがきっとあるはずだ——。この新しいスポーツ健康科学部でならきっと、誰もが見つけることができるだろう。

答えてくれた人
西池和洋さん

1991年生まれ。大阪府出身。常翔学園高等学校を卒業後、同志社大学スポーツ健康学部へ入学。専門はコーチング。趣味は読書とウエイトトレーニング。将来の夢は、「生涯どのような形であってもスポーツと関わり続けること」。

心理学部
心理学科

教師になる前に、児童のうつ病を研究したい

岸田《きしだ》広平《こうへい》

文　・木許良咲
撮影・北田成実

1日睡眠4時間、学業と部活の日々

「高校時代は建築系の学科に進みたかったんですが、1年間の浪人で考えが変わりました」。岸田の親は教育関係の仕事をしていて、岸田もその現場を目にする機会が少なくなかった。一年間かけて自分の進路と向き合うにあたり、親の姿は参考になった。

教師を目指すことにした岸田の第一志望は国公立。しかし残念ながら不合格だった。

「発達心理学について興味がありました。関西の私立大学で、心理学に加えて教育について学べるのが同志社だったんです」。

心理学部で取得できる教員免許は、高校の公民だ。スポーツ健康科学部の授業や情報系の科目など、履修しなくてはならないコマ数がぐんと増える。4限、5限の授業が多く、途中であきらめる人も少なくない。

ただでさえ楽ではない免状の取得だが、岸田は4年の12月まで体育会系のアメリカンフットボール部で活躍していた。心理学部で体育会に入るのは少数派だ。部活と勉強で、休みは皆無だ。

「教職の授業を取るのは、想像していたよりもずっと大変でした。心理学部は1限に必修科目が多いんです。1、2年生の時は特にキツかった。正直言って、部活と勉強は両立できてなかったと思います」と岸田は振り返る。

なにしろ、京田辺キャンパスでアメフト部の練習が夜の10時半に終わるのだ。そこから大阪の堺市にある実家まで2時間かけて帰る。家に着くと夜中の1時を過ぎることもしばしばだった。

そこから入浴など身の回りのことを済ませると、寝るのは3時になる。しかし、翌日は1限の授業に出るために7時に起床。1日4時間睡眠というハードな生活を送っていた。

「往復4時間の電車内で、授業の内容を復習したり、睡眠を補ったり。『もっと大学生らしく遊びたい』と思う日もありました。でも、今考えると、アメフト部ではかけがえのない仲間に出会えた。部活で得られた充実感は大きいです。部活と勉強を両立するしかないと腹を決めればできる。自信にもつながりました」。

先生方のサポートで自由に研究

心理学は、いわゆる「恋愛心理テスト」などと混同されて、遊びのイメージが強い。相手の心を読む学問だと誤解されがちである。

「心理学は確かに人の心を題材にした学問なんですが、わかりやすく私生活で役立つことはほとんどありません。ちゃんとした学問として、心理学を学びたいという人が増えればうれしいです」

岸田は「中谷内先生の授業はおすすめです」と話す。中谷内一也教授の専門は「リスクの認識と信頼の心理学」。会社勤めを経て、大学で教鞭をとるという異色の経歴をもつ。

「中谷内先生は、社会で実際に起こることを、心理学で分析していきます。いずれ社会に出るであろう自分が、新しい視点を知ることができるので楽しいんです」。

岸田が所属するのは石川信一准教授のゼミだ。石川准教授の専門は臨床児童心理学で、ゼミで臨床心理士の資格を取れるため、選んだ。

「石川先生はまだお若いんですが、『臨床児童心理学のエース』とささやかれるほどの実績をお持ちです。僕がお世話になっているのは石川先生と武藤崇先生です。お二方の指導は厳しいときもあるんですが、『自分で這い上がってほしい』という気持ちが伝わるから、がんばれます」。

心理学部の教授陣は、さまざまな分野にわたる。

「大学によっては偏った陣容の印象を受けることもあります。同志社の心理学部は、いろんな先生がいらっしゃる」と、岸田は話す。

たとえば乳幼児の発達であれば、内山伊知郎教授は学会で有名な専門家だ。うつ病や不安障害、不眠症、摂食障害、統合失調症といった精神疾患全般に効果をあげている「認知行動療法」にくわしいのが武藤崇教授だ。

「心理学部は題材選びも自由です。自分のやりたいことを、すばらしい先生方にサポートしてもらえるのはありがたい限りです」。

児童の抑うつで新しい尺度を

岸田の研究テーマは「児童の抑うつ」だ。気分が沈んでやる気が起きない状態が続く「うつ病」患者が世代を超えて広がって、社会問題になっているのは周知のとおりだ。

簡単に説明すると、うつはいわゆる「躁うつ病」と、「抑うつ」の2種類に大分できる。「躁うつ病」では、精神が激しく高揚する「躁」期と気持ちが落ち込む「うつ」期が、交互に訪れる。

一方、「抑うつ」はずっと気持ちが沈んだ状況を指す。近年増加している「うつ病」は、この抑うつ傾向を指す。

岸田は、アメリカの精神科医、アーロン・ベックによるうつの認知理論に基づいて、新しい尺度を作ることを目指している。「もっと勉強をしてから教育現場に行きたい」と考えた岸田は、大学院に進むことを決めた。

「就職活動中の友達を見ると、自分はこの道でいいのだろうかと、不安を感じることもありました。でも、自分のやりたいことが明確になるにつれ、不安は消えていきました。大人のうつへの心理学的アプローチは充実してきています。それを子どもに落とし込むことが、大学院での目標です」。

大学院の試験は春と秋に実施される。

「できれば、同志社の大学院で勉強したい。石川先生のように、優れた研究成果を残したいです」と、岸田は照れ臭そうに笑った。

答えてくれた人

岸田広平さん

1990年生まれ。大阪府立泉陽高校から同志社大学心理学部に入学。現在、心理学を学ぶために大学院への進学を目指している。アメリカンフットボール部に所属。趣味はユーチューブでアスリートを見ること。

グローバル・コミュニケーション学部
グローバル・コミュニケーション学科

文　・大原和也
取材・藤井三裕紀
撮影・北田成実

「全員が一年間留学」
一歩進んだシステムで積極的になる

門澤《かどさわ》　愛《あい》

創設3年目の若い学部で

　昨今の大学選びで人気なのが、国際関係について学ぶ学科だ。看板学部としてアピールする大学も多いなか、同志社大学が3年前に創設したのが、このページで紹介するグローバル・コミュニケーション学部グローバル・コミュニケーション学科、通称GCだ。

　地球規模で経済が展開するグローバル化が進む現代において、単に外国語を話すだけでは、優れた人材にはなり得ない。論理的な意見を外国語で述べる能力や、知識に裏打ちされた交渉力、多文化社会の諸問題への対応力が求められる。それこそが、まさしく地球規模で通用するコミュニケーション能力だ。GCは、そんな人材を輩出するため、高度な語学力に加え幅広い教養と異文化を理解する力を養うことを目的に新設された。

　今回取材した門澤は、この学部の第1期生だ。幼稚園の頃に英会話を習い、小学生のときは英語劇をするクラブに所属。そんな英語となじみ深い生活を送ってきた。英語を学ぶなら文学部の英文学科という選択もあったはずだが、門澤はなぜ、この学部を志望したのだろうか？

「1年間の留学先が義務付けられている上に、留学先に豊富な選択肢がありました。そして新設学部だから、先生にこちらから新しいリクエストをしやすいんです」。

　歴史の浅いこの学部だから、学生が自身で学部の色を作り出せるのは大きな魅力だろう。

　さて、GCの雰囲気はいかがなものだったのだったのだろうか。学部生用に設けられた交流スペースを覗いてみると、学年問わず多くの学生が集っている。授業でも、他学年の学生と意見を交わす機会も多いおかげで、学年の垣根を越えてとても仲がよいのも特徴だという。

「学部は一学年約130人くらいです。他学部に比べ人数は少ないぶん、みんな仲がいいですよ！　一人ひとりが個性的で飽きません（笑）」。

　どうやら色とりどりの個性を受け入れる雰囲気がGCにはあるようだ。

　今年の7月には、初めてのGC夏合宿が行われたそう。こちらも留学中だった2年生以外の全学年が参加した。企画はすべて学生が主体となって行い、英語を用いたゲームなど、存分に楽しんだそうだ。

また、学部の教授と学生が共同で雑誌を発行するなど、他学部以上に学生と教授の距離が近いのも特徴だ。とにかく活動的な学生が多い印象を受けた。「待っていては始まらない」、積極性も含めて、グローバル社会で通用する人材が育成されているのだろう。

留学で語学力がぐんと伸びる

1年間の留学が義務付けられるほどの学部、英語の授業についていけるか不安な学生も少なくないだろう。各人の語学能力について門澤に聞いてみたところ、意外な答えが返ってきた。

「学生は英語と中国語コースの2つに分かれます。私の所属する英語コースで、海外で学校に通った経験のある学生はとても少ないですよ」。

つまり大半の学生は、高校時代までに留学した経験がない。大学側が用意する留学プログラムも、その前提で組まれているという。

1年次には基礎的な英語力を伸ばし、2年次に控える留学へ向けた学習も行う。そうして海外に旅立った学生は、一回りも二回りも大きくなって帰ってくる。話す力にまったく自信がなかったという学生も、一年間の留学を経て帰国するとペラペラになっているそうだ。

それ以外にも、人前で発言に臆さないなど、日本の大学で授業を受けるだけではなかなか身につかない能力がつく。帰国後の3年次には、ゼミで学習が始まる。基本的には自分の望むゼミに入れるが、門澤によれば「選考には成績も加味されているかも」とのこと、1年次はとにかく真面目に授業を受けるのが吉であろう。

目標は「ケンカすること」

「英語が好き」という高校生は多いが、英語で何を学ぶかは学部次第だ。「GCの学生でも、英文学科にしようかで迷っていた人は多い」そうだ。

GCでは、英語の教職免許が取得できないデメリットにもかかわらず、志望者数は減る兆しはない。これは一年という長いスパンの留学ができ、それに向けて綿密なプログラムを組む、GCの魅力があるからだろう。

門澤は、高校時代にアメリカへ一年間留学した経験がある。

「留学したことで、再度留学したくなりました」。想いの変わらぬままGCの門を叩き、高校時代とは違って、カナダを留学先に選んだ。

門澤は単なる語学留学で終わらせたくなかった。多方面から英語で吸収することを心掛けた。そのため、外国人と深い付き合いをするために、一風変わった目標を掲げていたそうだ。

「カナダ人とケンカをすることを目標にしていました(笑)。ケンカするには、相手に自分の意見をしっかりと伝えなければならないので、英語力も当然求められます。カナダの人って、やたらフレンドリーなんです。そんなカナダ人に、『それはいいことだけど、親しい関係のなかにも、感謝や謝罪は必要では？』と、夜通し意見を交しました」。

また、彼女自身の姿勢も変わったという。「留学によって一人で行動すること、新しい場所に飛び込むことに抵抗がなくなりました」と、充実感に満ちあふれた表情で語ってくれた。

留学は、ときに人生観を左右することもある。まだ若い学部のよさを生かして、大学側に主体的に働きかけて、学部、ひいては自分自身を変えていく体験は、実り多いに違いない。

答えてくれた人

門澤　愛さん

1993年、兵庫県生まれ。大阪女学院高等学校卒業後、グローバル・コミュニケーション学部へ進む。趣味はテニスと映画鑑賞。将来の夢は外国人と日本人をつなぐ仕事につくこと。

グローバル地域文化学部
グローバル地域文化学科

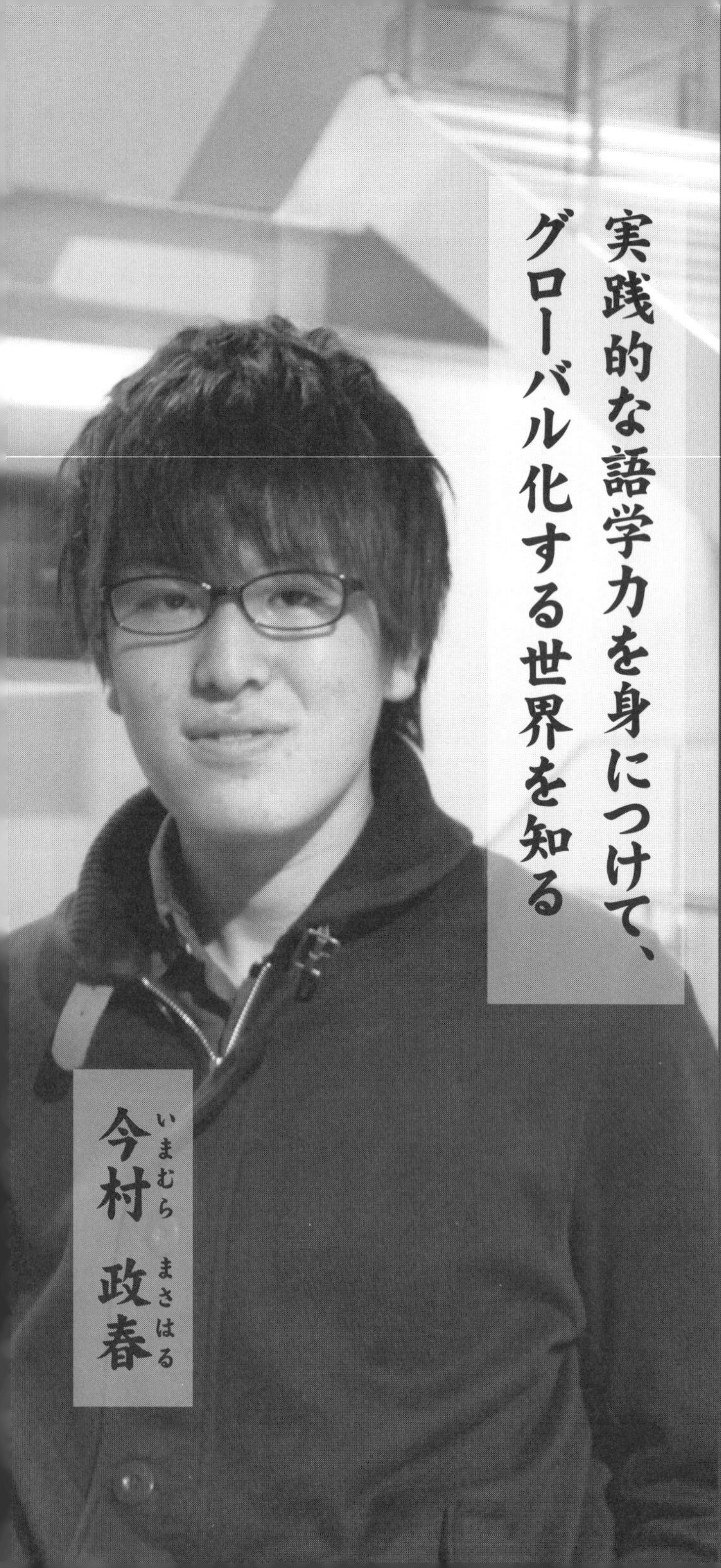

実践的な語学力を身につけて、グローバル化する世界を知る

今村《いまむら》 政春《まさはる》

文　・中園祐介
撮影・中園祐介

世界を理解する3つのコース

２０１３年に開設したばかりのグローバル地域文化学部グローバル地域文化学科。世界の各地域の文化形成、歴史、政治などを学ぶことを通じて、地域の問題や、世界的に同時多発的に起こっている問題を考察する能力を身につけることを目標とした学部だ。

今出川キャンパスから少しだけ離れた、烏丸キャンパスが授業の中心だ。

今村は志望理由をこう話す。

「高校時代に、英語と世界史の両方が得意でした。両方が活かせると思って、この学部を選びました」。

グローバル地域文化学部には、次の３つのコースがある。第一に、ヨーロッパが世界のなかでどのような位置にあり、どのように世界と関係しているかを学ぶ「ヨーロッパコース」。第二に、目覚ましい発展を続けるアジアと太平洋諸地域を学び、グローバル化する世界にどのような影響を与えるか考察する「アジア・太平洋コース」。第三に、南北アメリカ大陸全体に視野を入れ、その多様性と世界との関係を学ぶ「アメリカコース」。

今村が選んだのはアメリカコースだ。

「とはいえ、1回生のあいだは、3コースの授業に大きな差はなくて、包括的に世界全体のことを勉強します」。

1年時の必修科目である「グローバル地域文化論」や「グローバル・スタディーズ論」では、グローバリゼーションと地域文化のかかわりを知り、幅広い分野で起こっているグローバル化を考察する。地域横断的な感性が身につく、と今村は話す。

また、1年のときに、ゼミ形式の少人数授業が始まる。一クラスは20人程度の少人数だ。

「この授業では、レポートの書き方や研究の進め方など、高校生のときとはまったく異なる、大学生の勉強の仕方をしっかり教えてくれるんです」。

これらの授業は、2年次以降のより専門的な知識を得る土台になる。

「授業の評価はほとんどがレポート提出です。とはいえ、グローバル地域は語学を重視しますから、英語、日本語それぞれのレポートがあります」

と今村は話す。

そして、2年次以降は前述の3コースの地域の学習にも力を入れて、その国の文化、歴史、政治を掘り下げて学ぶ。そのなかで自分が関心のあるテーマを見つけ出し、最終的に卒業論文へとつなげていく流れとなる。

12の外国語を学べる

各地域をよりくわしく知るために、語学の勉強は必要不可欠だ。グローバル地域文化学部は手厚い語学カリキュラムが組まれている。

全学部共通科目で学べるのは7言語、選択制を加えると実に12言語にものぼる。その内訳は、英語、ドイツ語、フランス語、スペイン語、中国語、ロシア語、韓国語、インドネシア語、トルコ語、ポルトガル語、アラビア語、イタリア語。

この中から第一外国語の英語に加え、第2言語を一つ選択する。もちろん、やる気に応じてそれ以上の言語を学ぶことも可能だ。

また、名物授業は1年次選択必修の「プレ・イングリッシュ・プラクティム」。この授業では日本語は一切禁止で、英語でのディベートを通じて語学力を高めていく。

「実践重視の英語の授業が多いのが印象的。留学に行くときに役立つと思います。理解される英語を話すためには、言葉に詰まってもなにかを話そうという意識が大切だと気づきました。学部生には帰国子女も多くて、語学力の違いは痛切に感じます。でも『帰国子女と同じぐらいうまくなりたい』と目標になる。いいお手本です」。

今村がお勧めする語学の授業は、久野聖子助教の「スペイン語インテンシヴ」だ。

「スペイン語を教えると同時にスペイン語圏の文化や人々の話もいろいろ教えてくださるんです。面白くて、やる気が出ます」と今村は話す。

また、グローバル地域文化学部は最低1単位分の海外での学習が義務づけられている。休み期間を利用した短期留学(スプリング・プログラム、サマー・プログラム)や、半年以上の長期留学(セメスター・プログラム)まで、自分の好きなように選べる。

「クラスのほぼ全員が2回生の時に留学に行きます。僕のまわりは、最長で3ヶ月程度の留学を選ぶ人が多いですね。とりあえず海外を一度知ってみたいという人が多い」。

留学先は、世界各国の約20の大学から選択する。今村は「アメリカかカナダで、英語を話せるようになりたい」という。他にも、海外の企業や機関でのインターンシップや、各コースの研究対象地域でのフィールドワークを行うことができる。

伝統は「作り出すもの」

開講したばかりのグローバル地域文化学部には現在1回生しかいない。進路については「みんなまだ全然考えていないし、話もしない。海外で働きたいと漠然と考えている人がいるくらい」と今村は話す。

語学力はグローバル化する日本の企業で働く際にも必ず役に立つだろう。

今村は、グローバル地域文化学部1期生として「みんなで試行錯誤しながらやっているところもあります」と話す。学部ができて日がまだ浅いだけに、1期生としてとまどいもあるようだ。

だが、その戸惑いはこの学部の可能性の大きさから生まれるものではないだろうか。

誕生したばかりのグローバル地域文化学部。伝統ある同志社大学で、この学部から新たな伝統が生み出されていく。世界を知る手がかりは、この学部が握っている。

答えてくれた人
今村政春さん

1994年生まれ。滋賀県立光泉高校を卒業後、同志社大学グローバル地域文化学部に入学。好きなものはAKB48。趣味はサイクリング。将来の夢は銀行員。

第2章　注目の課外活動

合計400以上ある体育会やサークルから
ひときわ目立つ、活動を取り上げる。
今ここでしか出会えない感動が生まれる場だ

同志社の課外活動

４年間の学生生活を彩り、充実させてくれるのが課外活動だ。同志社大学が公認する活動は体育会、スポーツブロック、文化系公認団体の３つに分類される。課外活動の花形は「体育会」だ。所属する学生たちは「知徳体」を兼ね備えた同志社アスリートとして、高い目標を持ち、仲間と厳しい練習に励んでいる。

体育会に所属する部活動の数は約50。著名なプロ選手を輩出し、毎年ライバル校との伝統の一戦が話題となる硬式野球部や「関西の雄」として多くのファンから支持されるラグビー部は、知名度も高い。他にも相撲部やボート部など、創部１００年以上の伝統を持つ部活や、サッカー部やアメリカンフットボール部といった、１００人を超える部員数で切磋琢磨しあい活動する部活が注目を集めている。

また近年ではフェンシング部や水泳部などの活躍が著しく、数々の大会で優勝を果たしている。世界大会に出場する部も多く、幅広い舞台で同志社の名を轟かせている。

一方で、数多くの学生が所属しているのは同好会やサークルだ。大学が公認している同好会やサークルのうち、運動系はスポーツブロックに、それ以外は

文化系公認団体に分類される。

スポーツブロックには27の団体が所属し、ラグビーやサッカー、テニスといったメジャーなスポーツが楽しく和気あいあいと活動している。学生大会で高い成績を残し、部への昇格を目指す団体もあり、体育会のハードさも含みつつ活動することもできる。さらに熱気球や釣り、プロレスや舞踏といった、一風変わったサークルもあり、今まで知らなかったスポーツに挑戦できる。

文化系公認団体は97あり、同志社の特色が反映された団体が目を惹く。京都という土地柄を生かし、伝統芸能に取り組む能楽研究会や茶道部。キリスト教学校ならではの聖歌隊やハンドベル・クワイアなどだ。また、美術系団体・クラマ画会やカメラクラブは１００年以上の歴史をもつ。他にも、法学研究会やＥＳＳといった学生の勉学を支え深める場もある。ほかにも学生に人気の軽音楽部やダンスサークルなどもあり、音楽・芸術面でも楽しめる。文化系公認団体は実にバラエティに富んでいる。

ここまでは約２００団体の公認の活動について述べてきたが、非公認の同好会やサークルを含めると約４００団体以上にも上る。

本章では同志社大学で行われる課外活動を、体育会、スポーツ系、文化系に分けて、注目すべき活動を独自にピックアップした。なお、スポーツ系、文化系の活動は公認・非公認の垣根を超えて紹介する。

さっそく次のページから、その概要を見ていこう。

課外活動の全体像

同志社大学公認団体

- 体育会
- スポーツブロック
- 文化系公認団体

非公認団体

- スポーツ系
- 文化系

体育会

氷上・雪上系

アイスホッケー部　フィギュアスケート部
スピードスケート部　スキー部

水泳・水上系

水泳部　ボート部　ボードセイリング部
ヨット部　カヌー部

山岳系

山岳部　ワンダーフォーゲル部

射的系

アーチェリー部　弓道部　射撃部　ゴルフ部
ボウリング部

モータースポーツ等混合系

自動車部　自転車競技部　トライアスロン部

スカイスポーツ系

航空部

格技・武道・武術系

ボクシング部　相撲部　柔道部　レスリング部
空手道部　剣道部　フェンシング部
日本拳法部　少林寺拳法部　合気道部
居合道部　馬術部

球技系

アメリカンフットボール部　ラグビー部
サッカー部　バスケットボール部
バレーボール部　ハンドボール部　ラクロス部
硬式野球部　準硬式野球部　軟式野球部
ソフトボール部　テニス部　ソフトテニス部
卓球部　陸上ホッケー部　バドミントン部

陸上競技・体操系

陸上競技部　体操競技部

体育会情報宣伝機関

スポーツアトム編集局

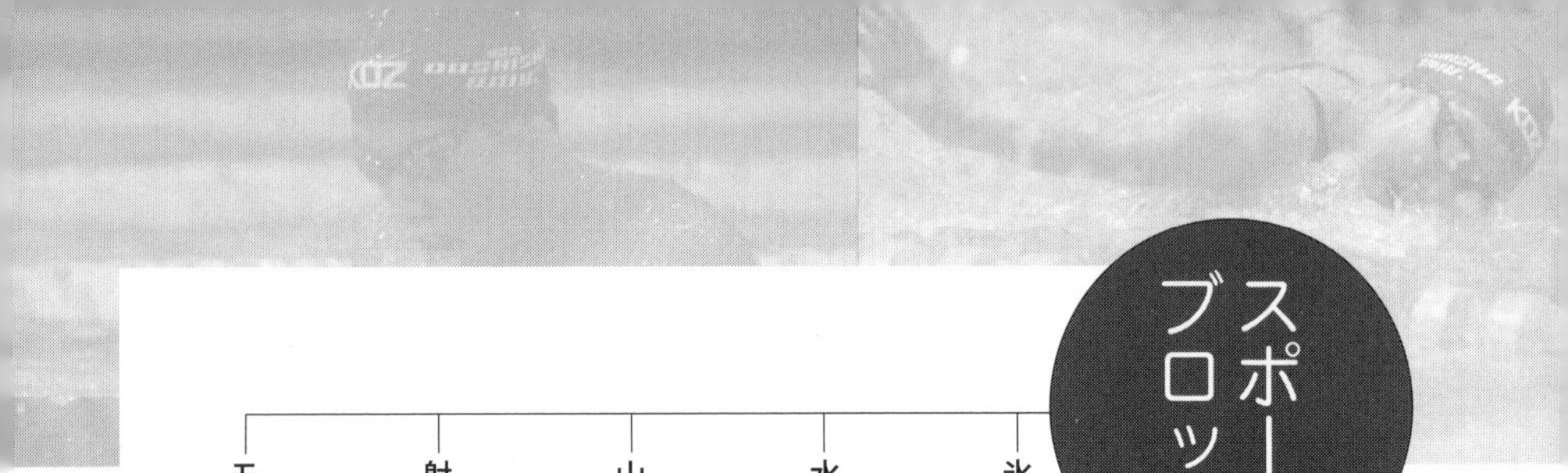

スポーツブロック

氷上・雪上系
ルナティックス・スキークラブ　山岳スキー部

水泳・水上系
ヨットクルージングクラブ　釣研究会　淡水会

山岳系
ハイキング同好会　山岳同好会

射的系
ゴルフ同好会

モータースポーツ等混合系
同志社サイクリングクラブ

スカイスポーツ系
熱気球チーム

格技・武道・武術系
剣練会　プロレス同盟　テコンドー部　拳友会
柔道同好会

球技系
卓球同好会　Du&Do バドミントンハウス
FCブルーローバーズ　INTENSITY
WILDCATS　ラグビー同好会H&T
サッカー同好会三ツ葉キッカーズ
軟式テニス同好会　同志社フットサルクラブ
アルティメットサークル同志社 Magic
硬式テニス同好会

陸上競技・体操系
舞踏研究会

文化系公認団体

合唱
学生混声合唱団C.C.D.　混声合唱団こまくさ
One Voices　グリークラブ
リーダークランツ　コールフリューゲル

器楽
ピアノ研究会　マンドリンクラブ　交響楽団
ギタークラブ

軽音
LOVE&FREE　軽音楽研究会(I.P.C.)
Folk Song Society(F.S.S.)
ライラックレインボーズ　とんがりぼうし
軽音楽部　フォーク・アライブ・クラブ(F.A.C.)
サザン・マウンテン・ミュージック研究会(S.M.M.A.)

演劇
演劇集団Q　第三劇場　喜劇研究会
マジック&ジャグリングサークルHocus-Pocus
同志社小劇場

伝統芸能
能楽部宝生会　能楽部金剛会　能楽部狂言会
雅楽会　邦楽部　能楽部観世会

伝統文化
志清会　茶道部　書道部

メディア
同志社ナビ　学生放送局　学生テレビ局
広告研究会　学生新聞局

写真
フォトクラブ　カメラクラブ　写真同好会
卒業アルバム委員会

映像
同志社スクリーン　F.B.I.　映画研究会

社会科学研究
法学研究会　会計学研究会　政治学研究会
同法会　環境問題研究会

国際研究
E.S.A.　E.S.S.　国際居住研究会
グッドサマリタンクラブ　KOREA文化研究会
国際経済商学学生協会(アイセック)
国際交流サークルDESA　模擬国連(MUN)

応援団
チア・リーダー部　指導部　吹奏楽部

文化系1
模型研究会　SF研究会　料理研究会
囲碁研究会　将棋研究会　同志社ミステリ研究会
アニメーションヴォイス研究会

文化系2
ユース・ホステル・クラブ　鉄道同好会
タップダンスサークルShimSham　人力俥友之会
Meahula Nohealani　ワーキングコーラス
よさこいサークルよさ朗　Soul2Soul

芸術
ART—SOZO　漫画研究会　クラマ画会
neuf　陶芸サークル「土夢」　美術部「軌」

自然科学研究
電気情報研究会　機械研究会　天文同好会
ロボット研究会　星の会　生物同好会

人文科学研究
古美術研究会　史跡同好会　歴史美術研究会
考古学研究会　文学研究会　京都研究会
地学研究会

基督教団体連盟
ハンドベル・クワイア　学生聖歌隊
キリスト教学生会

学友団執行委員会

体育会部活動

硬式野球

明治以来の伝統を誇る硬式野球部

同志社大学で野球が始まったのは明治時代のこと。1889年（明治21年）ごろ、今出川キャンパスの正門から今出川通りを挟んですぐ南隣りの京都御苑で始まったと伝えられている。そこから日本の大学野球界の草分け的存在として活躍。旧関西六大学リーグではリーグ史上初の6連覇[※1]を含む18回のリーグ優勝を数える。

全国では1978年に明治神宮大会で初優勝を果たすと、1990年にはエース杉浦正則（元・日本生命）や片岡篤史（元・阪神タイガース）らを擁した黄金世代で2度目の全国制覇。準優勝も2度達成。1982年に現行の関西学生野球連盟リーグとなって以降は低迷が続いていたが、2010年春から2011年秋にかけて小林誠司（読売ジャイアンツ）を中心に戦後初となるリーグ4連覇[※2]を達成。同志社復活を印象付けた。

著名な選手も多く輩出している。東北楽天ゴールデンイーグルスの初代監督を務めた田尾安志や、2012年にプロ野球史上39人目となる2000本安打を達成しWBC日本代表でも主将を務めた宮本慎也（元・東京ヤクルトスワローズ）、阪神タイガースの投手として現在も活躍する渡辺亮も硬式野球部OBである。

同志社の自治・自由の精神のもと練習が選手主体だ。2013年3月には念願の雨天練習場も完成され、より野球に打ち込める環境が整った。近年は、レギュラー陣に一般入学生が名を連ねることもしばしば。スポーツ推薦、指定校推薦、一般受験など関係なく、すべての選手が同列にメンバー入りを目指せる雰囲気がある。

※1 旧関西六大学時代から現在に至る長い歴史の中で、6連覇を達成したのは同志社（1941年春～1946年秋、戦争での中断挟む）と近畿大（1987年春～1989年秋）の2校だけ。

※2 戦後史上初の4連覇を成し遂げたのは小玉孝監督。37年ぶりとなる全国大学選手権大会出場も果たした。写真は4連覇達成し、主将として胴上げされる小林誠司。

体育会部活動
ラグビー

捲土重来なるか、愛される「紺グレ」集団

1911年創部、2010年に100周年を迎えた同志社大学ラグビー部。慶應義塾大学、京都三高（京都大学）に次いで日本で3番目の歴史を誇り、全国大会の優勝は5回（大学選手権4回）。「関西の雄」として知られる、早慶明に並ぶ日本ラグビー界きっての名門校である。ジャージの色はスクールカラーの紫ではなく、紺とグレーのストライプ。「紺グレ」の愛称で、長きに渡ってラグビーファンから愛されてきた。

最盛期は20世紀後半。1961年に初の日本一に輝いた。その後、76年から84年までは関西9連覇を達成。85年に大阪体育大学に敗れるまで、リーグ戦71連勝を記録した。さらに82年から84年にかけては、当時史上初となる大学選手権3連覇を成し遂げた（なお、2013年帝京大学が4連覇を果たし記録を更新）。

しかし近年は低迷しており1987年以降、大学選手権決勝には出場していない。2010年には7位に沈み、創部史上初めてBリーグとの入れ替え戦に回った（入れ替え戦ではB王者・関西大学に勝利しAリーグ残留）。その翌年には関西2位に浮上。選手権大会2回戦で3連覇を狙う王者・帝京大学に敗れるも接戦を演じ復活を予感させたが、2012年には関西6位となりまたも選手権出場を逃した。[※1]

著名なOBとしては、坂田好弘（IRB殿堂入り、現・関西ラグビーフットボール協会会長）、平尾誠二（現・神戸製鋼GM）、大八木敦史（現・芦屋学園校長）らがおり、ラグビー界のみならず日本のスポーツ界、経済界にも影響ある人物を多数輩出している。

※1　2013年は、指揮を取る山神孝志監督、主将の秋山哲平を中心に、「志高く」というスローガンを掲げた。例年以上にFWに強さを見せ、立命館大に次ぐ関西Aリーグ2位で選手権へと出場を果たしたが、厚き関東勢の壁を破ることはできず敗退。山神監督は同志社のアイデンティティを追求し、同志社でしか出来ないラグビーで次年度からの巻き返しを図る。

体育会部活動
ヨット

インカレ優勝回数24回の強豪

一昨年で創部80周年を迎えた、長い歴史を持つヨット部。また全国でも指折り[※1]の強豪校として知られており、全日本インカレの優勝回数は24回を数える。過去には４連覇を達成したこともあるほどで、今年開催されたインカレでも、昨年に引き続き総合優勝を成し遂げており、見事2連覇を飾っている。

ヨット部の主な活動場所は滋賀県唐崎の艇庫。滋賀県と聞くと、距離が遠く、キャンパスと練習場所間の移動が大変なように思えるが、交通アクセスは悪くない。ＪＲ京都駅から15分ほど電車に揺られたＪＲ唐崎駅で下車後、10分間琵琶湖へ歩いたところに拠点を構える。周囲にはコンビニや飲食店、書店が軒をつらねて、日常生活に不便はない。そこで毎週金曜日から日曜日にかけて泊りがけで合宿を行い、日々練習に励んでいる。

また、同志社ヨット部は強豪校にしては珍しく、セレクションで入部した筋金入りのセイラーたちに交じり、大学からヨットを始めた選手がレギュラーとなることも多い。実際今年の全日本インカレ団体戦のレギュラーも、半数近くが大学で初めてヨットに触れた選手だ。また、毎春大々的に体験入部も行っており、入部しやすい環境も整えられている。そこで先輩たちの生の声を聞くことができるので、入部を考えている新入生はぜひとも参加するべきだろう。大学という新しいステージで、新しいことに挑戦するなら、ヨット部はうってつけの存在かもしれない。

※1　近年の活躍は以下の通りだ。
- ２０１３年度全日本学生ヨット選手権大会　４７０級１位、スナイプ級３位、総合１位
- ２０１２年度全日本学生ヨット選手権大会　４７０級３位、スナイプ級１位、総合１位
- ２０１１年度全日本学生ヨット選手権大会　４７０級７位、スナイプ級３位、総合５位
- ２０１０年度全日本学生ヨット選手権大会　４７０級８位、スナイプ級２位、総合６位
- ２００９年度全日本学生ヨット選手権大会　４７０級６位
- ２００８年度全日本学生ヨット選手権大会　４７０級４位、スナイプ級５位、総合４位

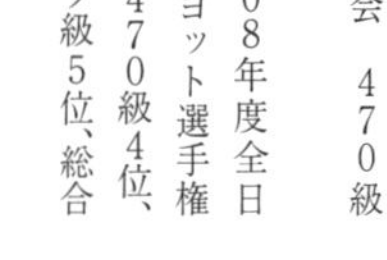

体育会部活動
フェンシング

オリンピック選手を輩出する名門

名門として全国で名を馳せる同志社大学フェンシング部。近年は全日本インカレにおいて個人でアベック優勝や団体でも優勝、また社会人を含めた全日本選手権では個人優勝を成し遂げるなど輝かしい結果[※1]を残し続けている。OBとしては64年の東京五輪で活躍した田淵和彦や北京・ロンドン五輪と2大会連続でメダルを獲得し一躍有名となった太田雄貴などが挙げられ、日本におけるフェンシングの普及と発展に大きな影響を与える人材を輩出し続けている。

現役の部員達は主に京田辺キャンパスのフェンシング場で平日練習をこなし、休日には今出川の体育館等で他大学と剣を交える。また、毎年夏に行われる合宿ではOBの協力のもと部員全員で実践的な練習に取り組み、全国優勝という大きな目標を掲げ、技術面と体力面の双方から個々のレベルアップとチーム力の向上を図る。

多くの有望な高校生フェンサーが関東の大学に進学するなか、毎年のように人員不足に悩まされている同志社。専門ではない種目を一人の選手が務めることもしばしばだ。また、東高西低と言われる学生フェンシング界で、何度も関東の大学に屈してしまうことも珍しくない。それでも、選手の自主性を尊重しながら、チームとして締めるところは締めるというメリハリをつけた環境の中で精進を続けている。

偉大な先輩達のように、将来の日本のフェンシング界を担うであろう同志社フェンサー達の活躍は必見だ。

※1　［主な成績］アジアU－23フェンシング選手権大会・男子エペ個人日本代表、男子エペ団体銅メダル（2013）。日本学生フェンシング選手権大会・男子エペ個人優勝（2010～2013）、女子エペ個人優勝（2012）、男子エペ団体優勝（2011）、女子サーブル団体2位（2010）。全日本フェンシング選手権・男子エペ団体ベスト8（2013）。全日本学生フェンシング王座決定戦・男子エペ団体2位、女子エペ団体4位（2011）。関西フェンシング大会・男子エペ、男子フルーレ団体優勝（2013）。

体育会部活動

水泳

全学年、寮での共同生活で絆が生まれる

2014年に創部90周年を迎える同志社大学水泳部。その歴史と栄冠は古くから続いてきた。日本選手権では個人でもリレー種目でも優勝を成し遂げている。

また、世界で活躍するスイマーも輩出。オリンピックには今まで7名の選手が出場した。体育会水泳部監督を務める樋口浩三もかつてモントリオール五輪に出場。近年では高野綾[※1]が女子800mフリーリレーのメンバーとしてロンドン五輪に出場した。だが、所属しているのは公募や推薦入試で入部した部員だけではない。一般入試の部員も多く活動しており、共に厳しい練習をこなしている。現在競泳[※2]選手は24人。それに加えマネージャーが7名、シンクロ選手が1名在籍している。

主に練習は朝と夕方に週8回。常任コーチの指導のもと、京田辺キャンパスにある50mの屋外温水プールで行っている。また、筋力をつけるための陸上トレーニングも欠かさない。プールに隣接したデイビス記念館の練習場で日々ウエイトトレーニングを行っている。冬場になると、学校付近にある屋内プールを借りて練習。年間を通して常に泳げる環境が整備されている。そして、水泳部員最大の特徴は男子部員の寮生活だ。プールから徒歩3分の距離にある学内寮で、4年生から1年生までの部員たちが共同生活を営む。技術だけでなく、一生ものの絆も生まれるのだ。

今日も、部員たちは切磋琢磨しながら各々の目標を越えるべく努力している。さらなる高みへ――。同志社水泳部は夢へのコースを泳いでいく。

※**1** 高野綾はスポーツ健康科学部に在籍。女子200m自由形、400m自由形で入賞多数。

※**2** 平泳ぎの福田愛美や、バタフライの杉野紘子。男子800mと400mのフリーリレーでは大橋雅史、西川徹、西村駿弥、加藤雄大、吉田周司、西能正剛らが活躍している。

体育会部活動
アーチェリー

強さを誇る秘密は「自主性の尊重」

１９６０年の創部以降、関西を中心に学生アーチェリー界をリードしてきた同志社大学体育会アーチェリー部。単独の団体として日本最大級の練習場を有する同部活では、国内外問わずトップクラスで活躍する選手も多く、過去にはオリンピック選手も[※1]輩出するなど輝かしい歴史を刻んでいる。

同志社のアーチェリー部の特徴は、３つ挙げられる。第一に自主性が重んじられること。部活だけでなく、勉強やライフスタイルとの両立も目指すべく、全体練習は土曜日、それ以外は各自大学の講義の合間を縫っての練習としている。そのため、自主的で学生が主体となって行える環境である。第二に初心者も歓迎されること。体育会と言われれば、高校からの経験者が多く入りづらいイメージがある。しかし、ここでは約半数の選手が大学からアーチェリーを始め、また結果も残しているのが現状だ。そして第三は、アットホームな雰囲気に包まれていること。大学内でも一、二を争うほどのアットホームな雰囲気で、部員全員がアーチェリーという競技を愛し楽しみながら活動している。しかし、その中でもチームとして共通の目標に向かい懸命に練習に励んでいる。

現在、春のリーグ戦での優勝と、６月に行われる王座[※2]での優勝を達成すべく取り組んでいる彼ら。あなたもその一員として入部し、ともに目標達成へと挑み他の大学生とは一味違う、充実した学生生活を送ってみるのはいかがだろうか。

※１　オリンピックにはこれまで過去３人出場し、モントリオール五輪では道永宏が銀メダルを獲得している。

※２　写真は２０１３年度の王座でのもの。

体育会部活動
同志社スポーツアトム編集局

体育会の活躍を伝える機関紙

同志社スポーツアトム編集局は、体育会の活躍を広く学内外に伝えようと、1978年に誕生した。1982年には正式に体育会に加入。同志社大学体育会唯一の機関紙として「同志社スポーツアトム」を発行している。年6回の本紙に加え、随時号外を発行、約50名の局員によって運営される。学内配布を中心に、スポーツ新聞[※1]という媒体で、同志社体育会の今を届けている。

普段は毎週金曜日にミーティングを開き、取材についての打ち合わせや、編集会議を行う。そして、週末にはカメラと取材ノートを持って、各クラブの試合会場へ。交通費はすべて自己負担だが、大事な試合のためなら全国どこにでも駆けつける。

取材が終わると、その結果をもとに約1週間に及ぶ編集作業へ。「よりわかりやすい記事、よりひきつけられる見出しを」と局員一人ひとりが頭を悩ませる。気が付けば終電がなくなり、学校に残り徹夜の作業になることもしばしば。こうした過程を経て、自分たちが撮影した写真や書いた記事、レイアウトした面が、印刷された「機関紙アトム」となって出来上がる。

また近年[※2]は、HP、Twitter、Facebookといったウェブ上での取り組みも活発に行っている。そこでは試合予定、結果の配信や特集記事など、紙面に載りきらない情報を発信。特に、Twitterのフォロワー数は約4000人で、同志社体育会の今を伝える重要な役割を担っている。

※1　2013年度、スポーツ報知主催・第6回スポーツ新聞コンテストにて第3位を受賞した。

※2　普段の取材や紙面作成のみにとどまらず、本の出版やテレビ番組制作への協力など、活動の幅広さがアトムの特徴だ。

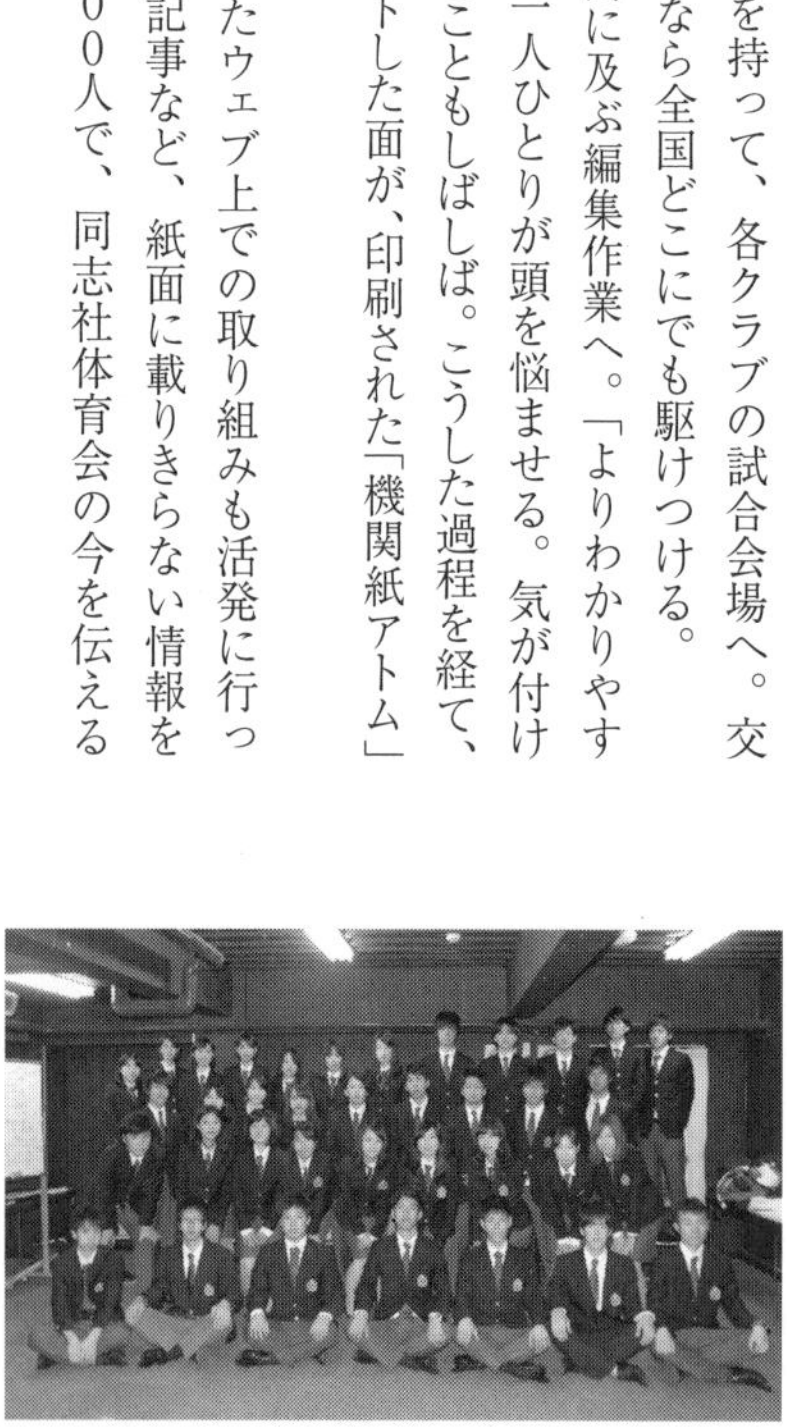

スポーツ系 テニス

その数50以上、圧倒的なサークル数

同志社のスポーツブロックに所属する団体は数多くあるが、その中で圧倒的なサークル数を誇るのがテニスサークル。略して「テニサー」だ。公認・非公認を合わせると50もの団体があり、それぞれサークルによって雰囲気や活動頻度が異なる。どのサークルも京田辺・今出川近くのコートを借りて練習することが多い、その後は近くのファミレスでご飯を食べたり、冬は鍋パーティーをしたりして親睦を深めている。また、サークルによってはクリスマスパーティー、ハロウィンパーティー、合宿とイベントも多く企画される。

夏にはサークル対抗戦もあり、他のサークルの学生と交流し新しい友人もできる。なお対抗戦は経験者だけでなく初心者のみのトーナメントもあり、大学からテニスを始めた人も活躍することができる。

同志社テニス同好会連盟[※1]に加盟しているサークルは、毎年秋に1年生だけが集まるパーティーを開催することでも知られている。女はドレス、男はスーツを着用し、総勢1千人の学生が集まる大イベントだ。ミスコンテスト、ビンゴ、全員で「じゃんけん列車」。こういったゲームをきっかけに、団体を超えて友達ができることもめずらしくない。

どの「テニサー」に入るか、どこも魅力的で決めるのは一苦労だ。多くの学生は4月の新入生歓迎時期に見学に行き、それぞれ自分にあったサークルを選ぶ。気の合う友人を見つけて大学生活を充実させてほしい。

※１　同志社大学・同志社女子大学に属する、団体として公認されているテニスサークルが加盟している連盟で、１９８３年６月に発足した。略称ＤＴＬ。所属すると「ＤＴＬフレッシュトーナメント」「ＤＴＬサークル対抗トーナメント」「ＤＴＬパーティー」「霜月杯」「同志社オープンテニストーナメント」「４大学（同志社・慶応・日大・甲南）対抗戦（通称ＡＭＩＴＹリーグ）」「オオスギチャレンジカップ（フレッシュ団体戦）」の７大会に出場できる。現在29団体が加盟している。

本気の競技志向、フットサル

数多あるサッカーサークルのなかで注目したいのは、大学に進んでからチャレンジする人が多いスポーツ、フットサルだ。サッカー経験者が新鮮さを求めて始めることが多い。同志社にあるフットサルチームのなかで、唯一の公認団体が、[※1]同志社フットサルクラブ（以下ＤＦＣ）だ。２０１２年は[※2]全日本大学フットサル大会で準優勝を果たすなど実力は抜群。「一度ＤＦＣでフットサルをしたら他のチームではできない」と言い切るのは真部主将だ。ＤＦＣは、全日本学生フットサル大会での優勝を目標に掲げ、週5回の練習や試合に、高い士気のなか取り組んでいる。

モットーは「結局はメンタル」で、窪堀監督からも繰り返し言われるそうだ。上手いチームが勝つのではない。最終的にはどちらが「勝ちたい」という気持ちをより強く抱いているかどうか。執念なのだ。これがＤＦＣの強さの秘密なのだろう。

「もともとは大学に入ってから本気でスポーツをやるつもりはなかったけど一度練習に参加すると楽しくって」（谷口）。プレー中は学年関係なく競技志向で取り組んでいるので、オフの時には学年の隔たりなく仲が良いのが自慢だ。入学してすぐ始まる新入生歓迎期間で見学へ行き、ＤＦＣの雰囲気に虜になるサッカー経験者は少なくない。「結局は自分を追い込みたい人たちの集団です」（真部）。真摯にフットサルと向き合うメンバーが集まっており、刺激を受けられる環境がそこにはある。現在体育会入りも視野に入れており、彼らの活躍と挑戦は止まることを知らない。

※1　男子チームと女子チームから成っており、同志社大学学部生および大学院生が所属する。

※2　全日本大学フットサル大会には現在6年連続出場。２０１３年度末には京都府一部リーグで優勝をきめ、関西チャレンジリーグに進出。

スポーツ系
バスケ

「野良猫」たちの団結力に注目

同志社のバスケットサークル[※1]の中でもダントツの知名度、強さを誇る「ＷＩＬＤ ＣＡＴＳ」。通称「ワイキャ」として同志社の学生に知られている。約55人の学生が所属しており、練習日は月、水、土曜日の週3日。週に2回は新町、1回は京田辺で練習を行っているため、文系学部が今出川に移転をした今でも理系と文系を問わず練習に参加することが出来る。また活動は夕方からなので、学業とアルバイトなどの両立が上手くいくことも魅力の1つである。

ＷＩＬＤ ＣＡＴＳの特徴としてメンバー同士の仲がよく、明るい雰囲気で活動している点が挙げられる。練習がない時でも連絡を取り合い、みんなで食事をすることも頻繁だという。上下、男女問わず交流があり、飲み会やイベントなどもしばしば。また大会前やイベントの前には、これまで撮影した写真を使いムービー[※2]を作成するなど、思い出を形に残すのも「ワイキャ」らしさだ。楽しいことや、変化に富んだイベントで仲を深めたい人にはおすすめだ。

そんな雰囲気の中でも勝負は忘れず、目標は「関西バスケットボール同好会連盟優勝」。２０１３年も男子が優勝、女子もベスト4という結果を残している。また関西ＭＶＰやベスト5に選ばれた選手も男女ともに多くいるため周りのレベルが高い中で練習できる点も魅力の1つに挙げられるだろう。「バスケットボールを楽しみたい」という気持ちを一番大切に「野良猫」たちは日々練習に励んでいる。

※1　バスケットボール系サークルには、他にＩＮＴＥＮＳＩＴＹ、ＯＲＡＮＧＥ ＪＡＭ、ＤＵＮＫＯなどがある。活動内容は様々。キャンパス別に活動を行うサークルもある。

※2　ワイルドキャッツでは思い出の写真とともに、シーズンごとのムービーを作成することも。左図はメンバーが作成した写真。

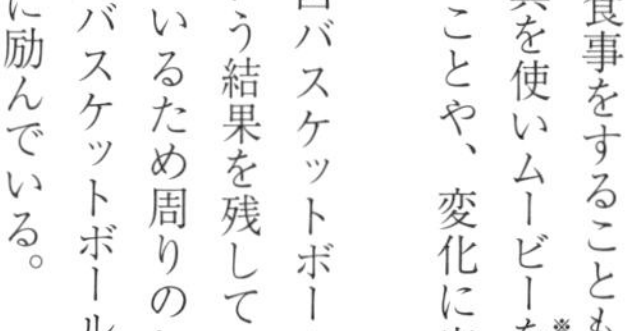

スポーツ系

野球

学内でリーグ戦も！ 10チーム以上もある軟式野球

現在、今出川・京田辺合わせて10チーム以上の軟式野球サークルが活動している。大きく、今出川リーグ[※1]と京田辺リーグに分かれており、「ナイトバッツ」「ヤンディーズ」「クローズ」が今出川リーグの強豪として名を連ねる。

各サークルには、高校で甲子園を目指していた人や、中学まで軟式野球をしていた人から、野球未経験者まで習熟度はさまざまだ。また、女子マネージャーも活躍しており、野球が好きな女子や、「野球のルールは知らないけれど、ただ楽しそうだから」という動機の人もいる。そんなアットホームさが魅力だ。初心者でも試合に出場できるチームが多い。

そんな彼らの活動は、練習は週に1、2回。年間スケジュールとしては6月、11月、3月に行われる大会がメイン。活動は野球だけではない。合宿は夏と冬の2回で、冬はスノーボードが恒例だ。他にもEVE祭[※2]で出店したり、クリスマスパーティーなど様々なイベントがある。練習後や試合後にもみんなで飲んだり食べたり、和気あいあいとしている。

野球が好きという共通点から様々な人脈を築くことができる。また野球以外の趣味や価値観の似た人との出会いによって最高の仲間に巡り合える。そして充実した大学生活を送れることに違いない。

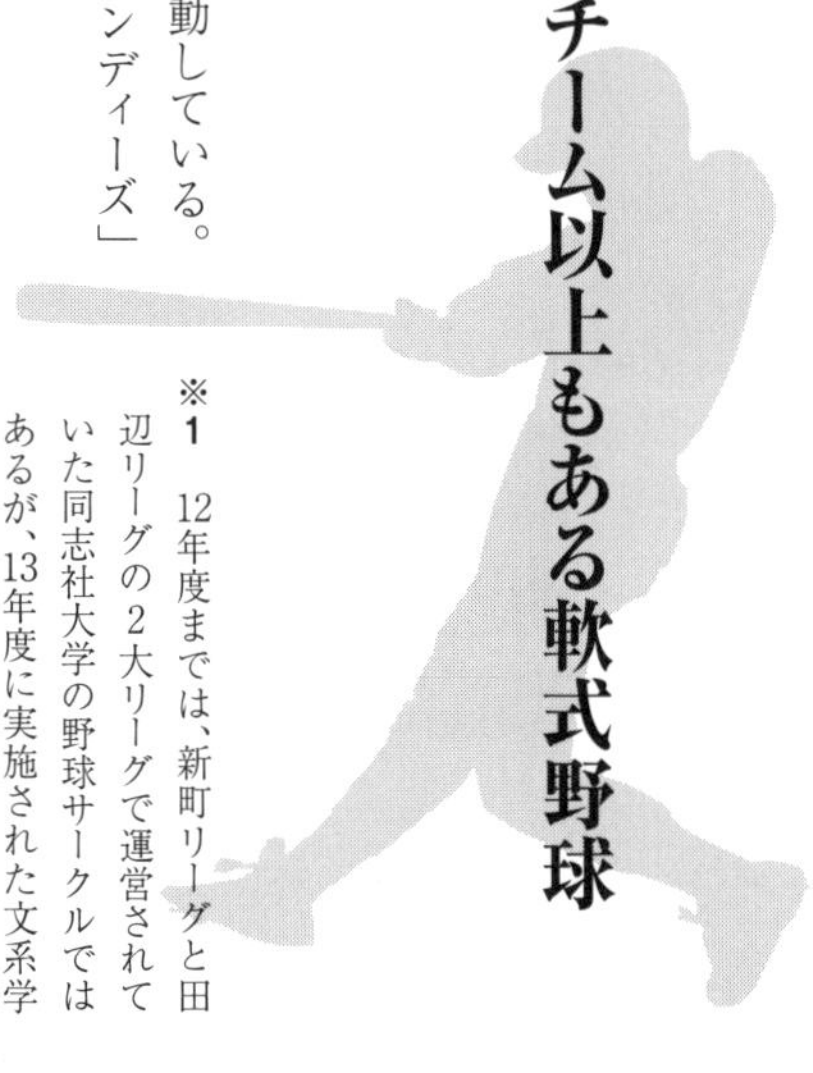

※1　12年度までは、新町リーグと田辺リーグの2大リーグで運営されていた同志社大学の野球サークルではあるが、13年度に実施された文系学部の校地移転に伴いリーグが再編された。現在、旧新町リーグは今出川リーグと名を改め、田辺リーグから移動した一部サークルを含めた9チームで編成されている。その影響で、田辺リーグのチーム数は現在5チームとなっている。

※2　EVE祭に参加する野球サークルは多く、いずれも個性的な出店やパフォーマンスで、EVE祭の盛り上げに一役買っている。

スポーツ系
熱気球チーム

空を旅する唯一のアウトドアサークル

１９８３年、航空部に所属していた学生が立ち上げた伝統あるサークル「熱気球チーム」[※1]。同志社の体育会にはない種類のアウトドアサークルだ。誰もが一度は乗ってみたいと夢見る気球に乗ることができる。秋が気球シーズンとなり、月に一度のペースで栃木県や岡山県などへの遠征を取り入れ、他大学チームとの交流も盛んに行う。夜に気球を立ち上げる「夜間係留」が実施される北海道・秋田・新潟・福島では普段のフライトでは味わうことのできない景色を一望できる。近場の訓練では滋賀県に行き、気球を飛ばすことが多い。

メンバーは皆、未経験者ばかりなのも魅力の一つだ。

バーベキューやクリスマスパーティーといったイベントでは遊んで楽しみ、全国各地で行われる大会にも参加する、メリハリのある雰囲気のあるサークルである。過去には大会で優勝した実績もあり、メンバーの中にはパイロットの免許を取得した者も在籍している。競技として真剣に取り組みたい人や本格的に資格を取りたい人も、きっと満足できるだろう。

現在同志社が所有している気球は「カモミール」[※2]。３～５月、10月～12月の毎週末にフライト訓練を行う。空を優雅に旅するのもあり、気球をスポーツの競技として上を目指すのもあり。自分に合った楽しみ方ができる。大学生活を更に充実させたい人は一度、熱気球チームに足を運んでみてはいかがだろうか。

※1　熱気球チームは、スポーツブロックにあるスカイスポーツ系に唯一所属する。

※2　２０１１年度、小千谷大会（新潟県）で優勝。２０１２年度に行われた学生選手権（宮城県）では、立命館大学のダンデライオンと同志社の合同チーム「ダンデ」として同志社の気球カモミールで参加し、見事優勝を果たした。なお、２０１４年度は小千谷大会で優勝した。

スポーツ系 格闘・武道

足掛け20年の悲願を背負うテコンドー部

同志社の格闘[※1]・武道系サークルの活動はさかんだ。放課後、真誠館や継志館、剣道場といった道場には熱気がたちこめる。その中で注目したいのは「テコンドー部」だ。

「体育会じゃないのにテコンドー『部』?」と不思議に思う方もいるだろう。

その名の由来は創部にさかのぼる。今から約20年前の1993年、「いつか部に昇格してほしい」という強い願いを込めて、サークルではあるが、「部」と名付けられた。サークルが部になるには同志社の体育会本部の規定にしたがわなければならない。2001年のときに、非公認団体から公認団体である学友団(現スポーツブロック)に昇格。それから部への昇格を目指し、全国大会優勝という成績を収めるために日々努力してきた。20年来の悲願を果たす日は遠くない。

2013年に行われた全日本テコンドー選手権には、部員28人中6人が出場し、うち1人はベスト8[※2]に輝いた。部員のほとんどが未経験者であるため、練習にはOBが来て指導している。

日本ではテコンドーの知名度は低いが、世界的にはオリンピック種目になるほどメジャーなスポーツ。「2020年に開催される東京オリンピックを盛り上げていきたい」と主将は話す。彼らは近い将来、同志社テコンドー部からオリンピック選手が輩出されることを夢見ている。

※1 剣道の「剣練会」、空手の「拳友会」「正道会館空手同好会」、刀を用いた日本の武道である居合道をたしなむ「居合道部」などがある。

※2 牧野祐樹選手は、63kg級で出場し、長野県の金原貴将選手を破り、ベスト8に入賞した。牧野選手は「まだ(上まで)行けた。来年は優勝します」と意気込む。写真は牧野選手の練習風景。

スポーツ系
バドミントン

まさに青春！　球技を通して深まる絆

バドミントン、卓球、バレーボール……同志社の中には数多くの球技系サークルがある。そのなかから、同志社を代表的する球技サークルを紹介しよう。

「Du&Do」はバドミントンのサークルだ。週3回、新町の育真館や田辺のデイヴィス記念館で練習に励み、他大学との交流試合や合宿を行う。自分のレベルに合った人と試合を行うので初心者でも安心。[※1]年間を通して多くのイベントを楽しみつつ、バドミントンの技術を上げることができる。

「C.A.V.」(カブ)は週に2回練習に励み、下級生から上級生まで仲が良いバレーボールサークル。彼らが主催する関西大会で男子は優勝した経験も持つ。他大学のバレーサークルとも交流が深く、冬にはスノーボード合宿があるなど活動も活発で、活気溢れるサークルだ。

1958年に設立された卓球サークルは「ICE　CLIMBER」(アイスクライマー)。約100人のメンバーで、仲良く楽しく卓球に取り組む。週3回の育真館や継志館での練習に加え、年2回の関西卓球同好会連盟[※2]主催の交流戦にも参加。市民団体と練習を行うことも。

非公認を含めると球技系のサークルは紹介しきれないほど数多い。サークルは、体育会と比べて、イベントも楽しめる点が魅力だ。楽しく、そして時に真剣にスポーツに励む学生たちの姿は、まさに青春の1ページとも言えるだろう。

※1　新歓BBQ、春合宿、京滋戦、部内戦、夏合宿、EVE祭出店など、1年を通してイベントがある。

※2　関西卓球同好会連盟とは、立命館、関大、関学、京大、龍大などの12サークルから成る団体。

文化系委員会

サークルを支える影の立役者

それぞれのサークルの日々の活動を影[※1]で支えている団体がある。通称「オリ実」のオリエンタル実行委員会だ。

4月上旬に設けられている新入生のための「オリエンテーション期間」では特に各サークルの勧誘が行われる。数多く存在するサークルのトップとして新入生の勧誘を統率するのが「オリ実」だ。

新歓期間が始まる数ヶ月前からのオリ実の準備期間、どの団体も公平に活動ができるようにするためにルールを設ける。そして2月中旬に行われる全体説明会で、それぞれのサークルの新歓担当者に新歓の規則を周知する。そこから各サークルが新入生を勧誘する方法を工夫し、より多くの1年生を入会させる。

大学生活をより充実したものにするためにするには必要不可欠なサークル活動。それをサポートしているのが、オリエンタル実行委員会だ。

オリ実は、新歓活動だけを支えている訳ではない。高校とは一変して学習環境が変化する大学では、すべての判断は自分自身に任されており、自己責任になる。その慣れない環境の中、新入生がより良い大学生活をスタートできるようにサポートしたり、そして新入生のために学生同士が交流しやすくなる企画を考えたり、パンフレットを作成したりしている。団体を支えるだけではなく、生徒ひとりひとりを支えてくれる存在でもあるといえるだろう。

※1　縁の下の力持ちとしては、他には「ＥＶＥ祭行委員会」がある。こちらの略称は「ＥＶＥ実」。ＥＶＥ実は、11月下旬に同志社大学今出川キャンパスにて行われるＥＶＥ祭の運営を支えている。オリ実と同様、サークルのサポートを行う。各サークルの出店の管理や、出店の紹介や地図などが掲載されているパンフレットを作成する。

文化系

人文

学びの地、京都を愛する 京都研究会

同志社生なら一度は耳にしたことがあるだろうサークル「京研」。正式名称は「京都研究会」といい、公認サークル[※1]である。「研究」などと聞くと少しかたいイメージを抱く人もいるかもしれないが、そんなことはまったくない。

活動は月に数回、京都の観光地や名所を巡る散策をメインに活動を行っている。また夏の五山送り火[※2]を会員で観たり、京都名物である八つ橋作りなどの体験をしたり、その活動は幅広い。活動を通して京都府外の友人に京都の観光地を案内できるようになったという声もあるほど。１００人を超えるメンバーが所属している大所帯ではあるが、〝京都が好き〟ということは全員の共通意識である。そして京都研究会の目標は、「京都に愛着を持ってもらう」を掲げ、まさに京都の学生のためのサークルだ。

散策の行先はサークルの会員の発案をもとに決定するため、希望さえ通れば自分が行きたいところに行ける可能性が高い。このようなサークルの会員皆に平等な点も、所属する学生が多い理由だろう。春休みや夏休みなどの長期休暇には、京都を飛び出しての旅行も行われる。もちろんこの際の行き先もまた、会員の希望のもとで決定される。「京都の外の世界」に触れてこそ「本当の京都」を知り得るのではないかというリミットレスな活動も魅力だ。

大学4年間で一生の思い出を京都という地で、そしてこの京研の仲間達と作ってみてはいかがだろうか。

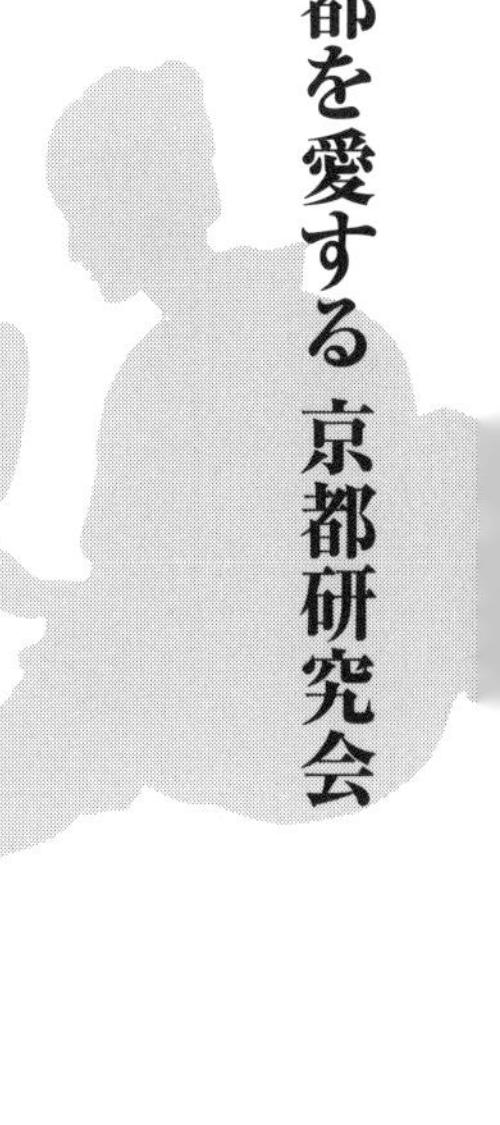

※**1**　人文系の公認サークルは他に、京都に加え奈良にも足を延ばす「古美術研究会」、早稲田大学と合同活動を行う「史跡同好会」、機関誌『同志社文学』を発行する「文学研究会」等がある。いずれも京都の土地柄を活かした活動を行っているのが特徴だ。

※**2**　毎年8月16日に如意ヶ嶽で行われるかがり火。午後8時に点火される東山如意ケ嶽の「大文字」がよく知られているが、その他にも金閣寺大北山の「左大文字」、松ヶ崎西山・東山の「妙法」、西賀茂船山の「船形」、嵯峨曼荼羅山の「鳥居形」が同夜相前後して点火され、これを総称して五山送り火と呼んでいる。

文化系
自然

天体観測で夢とロマンを追いかける

1991年に創部された同志社「星の会」。「みんなで楽しく星を見よう！」がスローガンで、部員は総勢130名を超える。サークルの自慢は太陽望遠鏡を含む4台の天体望遠鏡で、季節ごとの流星群観測を行っている。毎週金曜日18時30分になると、今出川、京田辺両校地で天体観測を始める。京田辺キャンパス内にある陸上競技場、新田辺付近の公園、京田辺の山奥が特に星がきれいにみえる場所とのこと。観測前に星座を覚えて、実際に星空を観ることで、より天体観測に興味が深まる。また、夏休みを利用した夏合宿では三大流星群の一つに数えられるペルセウス座流星群[※1]を観測することが毎年の恒例行事になっている。

2012年はまさしく「星の会」が活動するにはもってこいの年であった。まず、5月21日。1987年9月23日の沖縄以来の金環日食[※2]を観測することができた。そして一ヶ月も経たない6月6日には日本全国で金星の日面通過が起きた。「星の会」の部員は京都・鴨川で観測会を開催。太陽望遠鏡を持ちだし、道行く人々とともに100年に一度の感動を共有した。ちなみに次回の金星日面通過は100年以上後の2117年12月11日までない。そして3つ目の天体イベントは金星食だ。これは月が金星の前を横切って金星を隠してしまう現象である。ペルセウス座流星群の時期と重なり、この年の夏合宿は最高のものとなった。このようにして「星の会」は普段の星空、そして世紀の天体ショーを追い求め、日々活動している。

※1　三大流星群のひとつで、年間でも1・2を争う流星数を誇る。条件がよい時に見ると、1時間あたり60個以上の流星が観測されることもある。ペルセウス座流星群の一般的な出現時期は7月17日から8月24日、極大は8月13日頃。流星数が増えるのは8月の中旬になってからである。

※2　金環日食では、太陽がドーナツ状に見え、天気が曇りのときのように辺りが薄暗くなる様子を観察できる。日本の陸地に限ると、金環日食が次回に観察できるのは、2030年6月1日の北海道だ。非常に珍しい現象だ。

勉強と遊びを両立、社会科学を研究する

公認団体・社会科学研究ブロックには、「同法会」「法学研究会」「会計学研究会」[※1]「環境問題研究会」「政治学研究会」の5団体が所属している。

なかでも「法学研究会」の過去3年間の実績は輝かしい。法律について熱い討論を交わすことをメインに、全国で活躍中だ。彼らはさらに、毎年夏に「移動法律相談」という活動を行っている。これは法学部の教授や弁護士とともにリーガルサービスが不足している場所へ行き、一般市民からの法律相談を無料で受けるのだ。

また、社会科学研究ブロックの各団体は、どうにもお堅いイメージがつきまとう。しかしこのブロックにも、「勉強と遊びの両立」を目標に掲げ、部員の単位取得や友人作りを後押ししている団体もある。それが「同法会」だ。

同法会の新入生は毎年男女合わせて300人。その大半が法学部法学科所属で、学部の約半数が参加した(2012年)。法学部法学科の学生を、勉強面も人間関係面も全面的にサポートするのが目的だ。

毎週行われる勉強会では、授業のレジュメをもとに作成したオリジナルのノートを使って、先輩が解説を行う。法学部のようなマンモス学部では、授業中に気軽に質問をすることは難しい。同法会であれば、自由に質問できる。この環境、他学科の学生にとってはうらやましい限りだ。法学部法学科に入学した学生には、まずは見学を強く勧めたい。

※1　会計学研究会　会計の知識を身につけるサークル。討論会を通じて、他大学との交流もしている。

文化系
伝統

温故知新、日本の伝統文化を現在へ

目新しいものを追うだけではない、古き良き伝統を大切する部活動もある。昭和11年（1936）、茶道を通じ心のやすらぎを求める集いがあった。この会こそが同志社茶道部の始まりだ。道場は京都御所に隣接する寒梅軒[※1]であり、月に1度部員全員が集い稽古を行う。そして季節の節目ごとに部内茶会を催し、秋には同志社茶会を開く。部員のほとんどが初心者だが、経験者による丁寧な指導を受け経験者同様、茶会で点前[※2]（お茶を点てること）をできるまでに成長する。

また、同志社には表流茶道同好会「志清会」も存在する。約100名の部員が稽古をし、茶会を楽しむ。志清会では8畳のボックスで茶会を行い、花見や水無月茶会、秋茶会など年中季節に触れた行事をお茶と共に楽しむ。部室には、湯沸かし器やお茶碗、お抹茶などが完備。友好的で暖かい雰囲気の中で茶道文化を楽しめる。

他に伝統をたしなむサークルには、書道部がある。そのスローガンは「切磋琢磨」で、同志社の学園祭EVE祭では書作展を催し、部員それぞれが思い思いの言葉を筆にこめる。書道部の部員は約75名、展覧会、公募の大会に向けて日々精進している。また、書道には名作を写し取る臨書、すべて自分で手掛ける創作がある。昨年9月には全日本大会で氏原が大賞を受賞。今後の活躍に注目したい。

日本の伝統を大切にし続ける茶道部、志清会、書道部。この歴史ある京都の大学で、伝統文化を重んじ、古き良きを学ぶ。私たちが忘れてはいけない日本の心がある。

※1　今出川キャンパス内にある私協の道場。幕末の頃、二条斉敬公が関白となった際、それを祝い叔父の徳川斉昭が殿舎を今出川通東入に新築し、そのときの廊下の端に建設された。

※2　茶の湯の1つで、茶を点ずるための順序・手続きのことをいう。抹茶の点ずる場合には濃茶、薄茶の区別が存在する。

文化系
キリスト教

同志社ならでは！　校地に響く聖なる歌声

同志社大学、入学式。式中、デイヴィス体育館には大きくたくましい声が響き渡る。合唱が始まると、誰もが声のする方角へ目線を移し、見入ってしまう。新入生を盛大に迎えるカレッジソングを歌う彼らの正体は、「同志社グリークラブ」[※1]だ。

同志社グリークラブは男性合唱団で、合唱ブロックに属する文化系公認団体だ。同じブロックには他に「学生混声合唱団C．C．D．」、「混声合唱団こまくさ」、「コールフリューゲル」、「リーダークランツ」、「One Voices」がある。このなかでもグリークラブは、創立109年（2013年時点）という格段に長い歴史を持っている。100年を超える伝統のなか、練習後に毎日カレッジソングを歌うことで、同志社精神を大切にしながら活動を行う。

また、グリークラブに興味をそそられた女性は、「同志社学生聖歌隊」という団体に注目だ。ここでは女子部員もいて、キリスト教への理解を深めることを目的とし、日本讃美歌だけにとどまらず英語讃美歌やゴスペルまで幅広く歌う。学内で行われるチャペルアワーで、礼拝奉仕をするため礼拝堂で思い切り歌う機会もしばしばだ。合唱好きにとって、声が響く上このように神聖な場所で歌えることはたまらない。

グリークラブや聖歌隊へ入団すれば、同志社学生としての誇りを見失うことなく、喜びや達成感をたくさん噛みしめることのできる4年間を過ごすことができるだろう。

※1　経験者は全体の一割程度となっているので、未経験者も安心だ。基本的には、月火金土の週四日間にわたり練習を行っている。歌い手は男性のみの募集となるが、女子部員もマネージャーとして所属することができる。

「想像と創造」、舌で文化に出会う

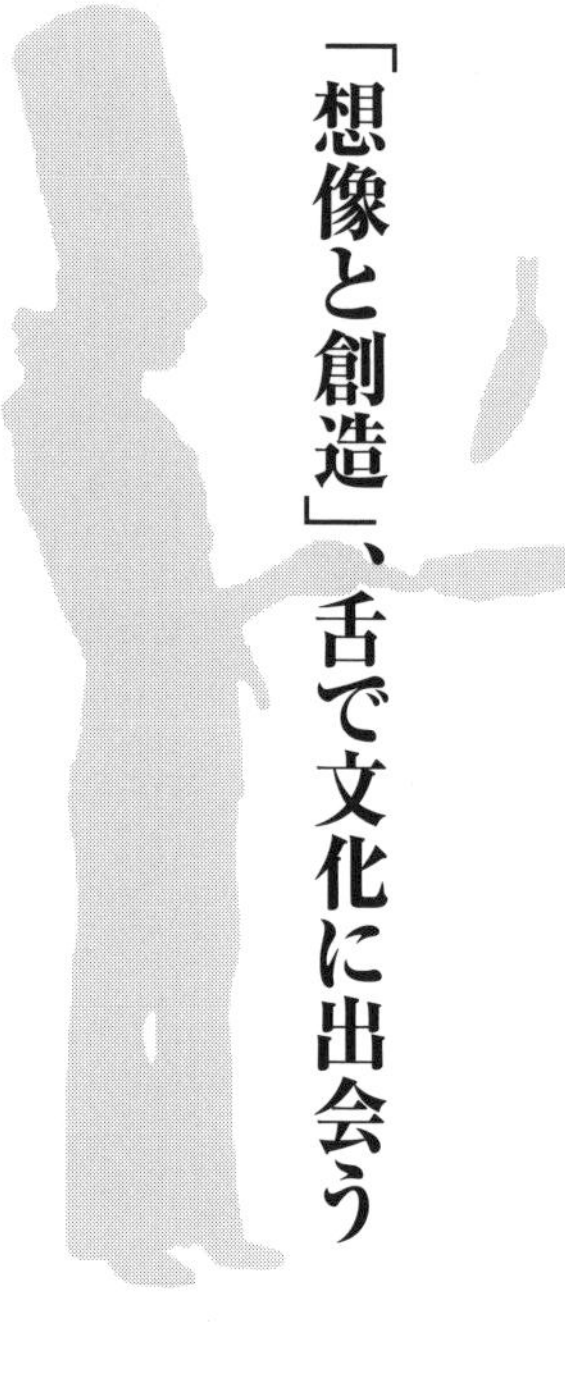

文化系のサークルは、ミステリーサークル、SFサークル、将棋サークル、鉄道同好会などさまざま。そんな数あるサークルのうち、特にユニークな料理研究会を取り上げる。

「料理を楽しもう！」[※1]。同志社大学料理研究会は、各国の料理を作ることで、その国の味、調理法、固有の食材を知る。さらに、その知識を応用して、新たなレシピを作成するのが活動だ。「想像と創造」という、「料理」からは少し想像できないようなスローガンのもと、日々精進しているのだ。

料理研究会の創立は1962年。半世紀以上の歴史をもつご長寿サークルだ。現在は、同志社大学、同志社女子大学の学生が所属しており、1、2年生を中心に約120名で活動中だ。不定期日の17時半~21時半という限られた時間のなかで、それぞれの部員が料理の技術向上に努めている。活動場所も、京田辺校地から今出川校地、時には学外でもと柔軟だ。

留学生の入部も大歓迎なのも特徴の一つだ。なぜなら、料理の形は違えど、世界のどこにでもあるもので言葉を越えたコミュニケーションができるからだ。用意されたレシピを元に4~5人で調理し、できあがったら試食。言ってみれば、高校までの調理実習をイメージするとよいだろう。年間行事には合宿もあり[※2]、イベントは盛りだくさん。ぜひ一度、見学されてみてはどうだろうか。

※1　あらゆる国の様々なジャンルの料理に挑戦。一人暮らしを始めた人の技術向上や、日頃のストレス解消のきっかけとなる。

※2　1年を通してほぼ毎月行われ、合宿だけでなく食事会からボウリング、ハロウィンやクリスマス会などその時期に合わせたイベントを行っている。

文化系
よさこい

京都から発信、高知の舞を全国へ

鳴子[※1]を打ち鳴らして、音楽に合わせて踊る踊り子たち。「よさこい」とは、高知県で戦後の復興を願い、人々を元気にしたいという思いから始まった祭りでの踊りを指す。同志社の文化系サークルのなかに、よさこいサークルは2つある。「京都よさこい連心粋」と「よさこいサークルよさ朗」だ。そのうち、今回注目したいのは「よさこいサークルよさ朗」。

よさ朗の代表者は現在で9代目になる。サークルの人数も100人を越え、ますます活気づいている。施設演舞やテレビ出演依頼などの話もあり、学外での活動も盛んだ。

しかし、よさ朗には悩みがある。今出川、京田辺と校地が分かれてしまったことにより、練習を別々に行わなければならなくなった。それにより、お互いの練習の進捗状況がわかりにくくなってしまったのだ。「遠い分、週に1度密度のある練習をするようにしている」と代表は話している。

9月末に行われた全国大会「KOBE　ALIVE」[※2]で、よさ朗は兵庫県知事賞を受賞した。一年の集大成とも言えるこの大会。受賞には、特別な思いがあった。「いつも通り、楽しく笑顔で見てくれている人に何かを伝えることができる演舞をした」。笑顔や感動を伝えるために日々前進し続けているよさ朗。さらなる目標は、「高知流よさこいを全国のみなさんに知ってもらうこと」と代表者は話している。

※1　穀物を野鳥の食害から守るため、鳥を追い払う目的で使われてきた道具である。これを踊りに取り入れた高知県高知市のよさこい祭りが知られている。よさこい祭りと関連して、ソーラン節を踊る時にも使われることがある。

※2　全国から選りすぐりの踊り子チームが神戸に集結し、その年の完成された踊りを披露する。

個人の意思を尊重、自由に活動

高校生の頃からの部活動や趣味の延長を、大学でも続けたい人も多い。ここでは、軽音サークルを紹介していきたい。軽音サークルは、同志社大学の文化祭、イブ祭で舞台にのぼりパフォーマンスをするだけでなく、普段から昼休憩の時間に大学内のスペース[※1]を使いライブを行うなど、演奏を披露する場面は多い。

文化系公認団体の軽音ブロックに所属するサークルは、６団体だ。「ＬＯＶＥ＆ＦＲＥＥ」「軽音楽研究会（Ｉ．Ｐ．Ｃ．）」「Ｆｏｌｋ　Ｓｏｎｇ　Ｓｏｃｉｅｔｙ（Ｆ．Ｓ．Ｓ．）」「ライラックレインボーズ」「とんがりぼうし」「軽音楽部[※2]」である。

同志社軽音系サークルのなかで唯一、「部」として活動しているのは、軽音楽部。部活動とはいっても、活動時間は固定で決まっているわけではなく、自分の好きな時間に練習を組むことができる自由なスタイルを取っている。

さらには音楽に関してもフリージャンル。ジャズを中心に、フュージョン、スカ、ラテン、ボサノバ、ロック、ポップスまで制限はない。「やりたいという意思があればどんな楽器、演奏をすることも可能です」というスタンスを持っており、大学に進学してからの魅力の一つであろう自己選択の幅広さがしっかりと守られている。

飲み会やセッション大会など、サークルごとに楽しいイベントは盛りだくさん。他サークルと掛け持ちができる場合もあるので、新入生歓迎期間に見学へ行き、先輩に相談してみよう。

※1　京田辺キャンパスでは、生協を出てすぐの場所に位置するハローホール広場などで演奏。広場を囲む階段には、お弁当を持ってそこに座り、軽音サークルの演奏を楽しむ学生の姿が多く見られる。

※2　２０１２年にはカウント・ベイシー・オーケストラの京都公演において、軽音楽部の『ザ・サード・ハード・オーケストラ』が前座を務めるなど実力もお墨付きだ。

文化系
芸術

最高のステージ、衣装、笑顔

「芸術系サークル」という言葉を聞くと、多くの人は絵を描いたり、工作したりする活動を思い描くだろう。しかし同志社大学には[※1]一味違う活動をしているサークルが存在する。その名も「neuf（ヌフ）」だ。

大学内で唯一の服飾活動をしているサークルである。服のデザインやその製作はもちろん、年[※2]3～4回開催されるファッションショーの企画や運営をすべて自らの手で行っている。neufが手掛けるファッションショーは、それぞれのショーごとにテーマが定めることから始める。そしてそのテーマを元に自分たちのイメージする服を作り、メイクも自ら手掛ける。「自分たちが作った服を通じてそのテーマができる限り伝わるようなショーをしていきたい」（神崎）。その思いを届けるために日々の活動に励んでいる。

サークル名の由来にもなった「neuf」という言葉。それはフランス語で数字の「9」という意味である。このサークルを立ち上げた初期メンバーが9人だったことからこの名前がついたという。わずか9人から始まったサークルだが、今では約30人のメンバーが集まり、和気あいあいとした環境で活動している。

彼らの活動は学内でのステージだけではなく、他大学と合同で開催されるショーをはじめ、学外にも及んでいる。それぞれの舞台で感じたこと、得られたこと、すべてを活かし次へ繋げている。

※1　ほかにも、同志社大学の芸術系サークルには、「漫画研究会」や陶芸サークルの「土夢」などがあり、様々な美術活動をすることができる。芸術活動の幅広さが魅力だ。

※2　neufは11月に行われる同志社大学の学祭である「EVE祭」でのファッションショーを中心に活動している。

文化系
応援団

3部そろって、華々しく盛り上げる

指導部・チアリーダー部・吹奏楽部の3部からなる同志社応援団。1年間を通し、多くのイベントに参加し、さまざまな部活の応援[※1]にかけつけている。

まずは指導部。大きく掲げた団旗、迫力ある太鼓、そして力強い声援で選手を鼓舞する。応援の場面では全体をリードして、試合を活気づける。

チアリーダー部[※2]は試合の応援へかけつけるだけでなく、競技としてチアの大会にも出場している。競技と応援の両立しつつ、いつも笑顔の彼女たち。8月に行われたジャパンカップでは大学部門で7位という結果を残した。

定期演奏会やコンクールにも出場する吹奏楽部。応援時には野外で同志社の名曲を演奏する。試合中に彼らが奏でる「同志社ヒロス」や「若草萌えて」は迫力満点だ。

また、応援団は試合の応援に加え、連盟祭、同立戦前夜祭、アトムフェスティバルといった多くのイベントにも参加している。毎年多くの人が集まる同立戦前夜祭ではパレードを行ったあとに京都市役所で立命館応援団と共に演舞を披露する。また、年末に開催されるアトムフェスティバルは、いわゆる応援団の「卒団式」。寒梅館のハーディーホールでさまざまなパフォーマンスを行い、感動的なステージを作り出す。

年中さまざまな活動を繰り広げている応援団。3部がそろったときはどの大学にも負けないほどの迫力だ。彼らのパフォーマンスは多くの人々に勇気を与えている。そして地域の人々やOB・OG、これからの同志社生をも魅了していくだろう。

※1　主に硬式野球部とアメリカンフットボール部の試合応援を行っているが、大会によっては他の部の応援をするときもある。

※2　1978年にバトン部として創立され、その後現在のチアリーダー部となった。全国大会での優勝経験も多く、チアリーディング界では強豪として知られる。

文化系

国際

グローバル社会を英語で生き抜く

グローバル社会において国際[※1]交流は欠かせない。E.S.A.やアイセックなど、いくつもある同志社の英語系サークルの中で、一番大きな団体がE.S.S.だ。E.S.S.の所属人数は１００人を超え、英語でディベートやスピーチなどを行う。

E.S.S.は５つのグループ（セクション）に分かれる。競技形式のスピーチやのディベートを行うグループセクション。英語で弁論、即興でスピーチを作るスピーチセクション。身近なニュースなどからとった議題についてディベートを行うディベートセクション。「日本の政府の代表になった」という設定で、日本の未来について英語でディスカッションを行うディスカッションセクション。外国人と実践的に話すための英会話を勉強するカンバセーションセクション。

一つの団体の中でも自分の目標、目的に合わせて活動できるのが魅力だ。普段は授業の５限終わりから、新町学生会館で活動する。時間になるとセクションごとにメンバーが集合し、それぞれ自主的に練習に励んでいる。

各セクションすべて、同志社主催の「新島杯」はじめ、全国規模の大会に出場する。普段、一緒に活動しているE.S.S.の仲間も大会ではライバルになる。そのため、普段の練習から本気で取り組んでいる。切磋琢磨しながら自分の能力を高めることができ、英語で普段の会話だけでなくディベートなども学べるのがE.S.S.である。これからのグローバル社会を生きていく私たちにとって必要な力がつく場と言えるだろう。

※１　国際交流を主眼とするサークルには「E.S.A.」「国際居住研究会」「グッドサマリタンクラブ」「E.S.S.」「国際経済商学学生協会（アイセック）」「KOREA文化研究会」「国際交流サークルDESA」「模擬国連（MUN）」などがある。

文化系
メディア

届け！　同志社の現在《いま》を伝えたい

あらゆる情報が飛び交うなかで、「今」の同志社を伝えるメディア系公認団体。彼らのおかげで私たちは最新の同志社の情報を知ることができる。

まずは学生のためのサイトを運用している、同志社ナビがある。同志社のイベント[※1]や講義、サークルの情報などを発信し、ネットを通して学校と人とをつなげている。

各キャンパスで一度は耳にするであろうお昼の放送を手掛けているのは、学生放送局だ。入局して1年間基礎練習に励んだあと、局員たちは広報や昼放送の活動を行う。局員たちが流す放送で、キャンパス内のランチタイムは華やぐ。

そして学内のニュースを取り上げる学生新聞局。取材、執筆、写真撮影などを1から自分たちで作り上げ新聞にし、学生へと伝える。

また、映像作品制作・編集を手掛けているのは同志社テレビ局だ。こちらも企画の立案、構成など全て自分たちで手掛け、月に1本学内向けの情報番組の制作を行う。依頼があれば取材に駆け付け、ドラマやバラエティ、ＣＭなどを作ることもある。

「イマ＊イチ」や「ｙｕｍｍｙ！」などのフリーペーパー[※2]を手掛けているのは広告研究会だ。マーケティングなどの勉強会やフリーペーパー制作、広告請負によるイベントなどの企画と実践をしている。

大学と学生をつなぐのがメディア系公認団体。形は様々だが、同志社のよさを伝えたい気持ちは同じ。彼らが発信するキャンパスニュースを見逃すわけにはいかない。

※1　さまざまな講演会やセミナーの他、クローバー祭やＥＶＥ祭がある。中でも最近話題を集めているＥＶＥ祭で点灯されるクリスマスツリーは西門を入ってすぐのところにあるヒマラヤスギの巨木で、高さ23mと、国内最大級のものである。

※2　これらのフリーペーパーは配布のほか、学内のあらゆる場所に設置されており誰でも気軽に手に取ることができる。中にはキャンパスの近くにあるお店のクーポン券がついていることもある。

第3章

図解で読み解く同志社の今

今出川・京田辺キャンパス、
そして卒業生の進路。
同志社で広がる世界を、図解する

今出川キャンパス

主に文系学部の授業が展開される、京都中心部にある活気あるキャンパスだ。この地で同志社の歴史は始まった。歩いて10分程度の距離に、室町・烏丸・新町キャンパスもある。

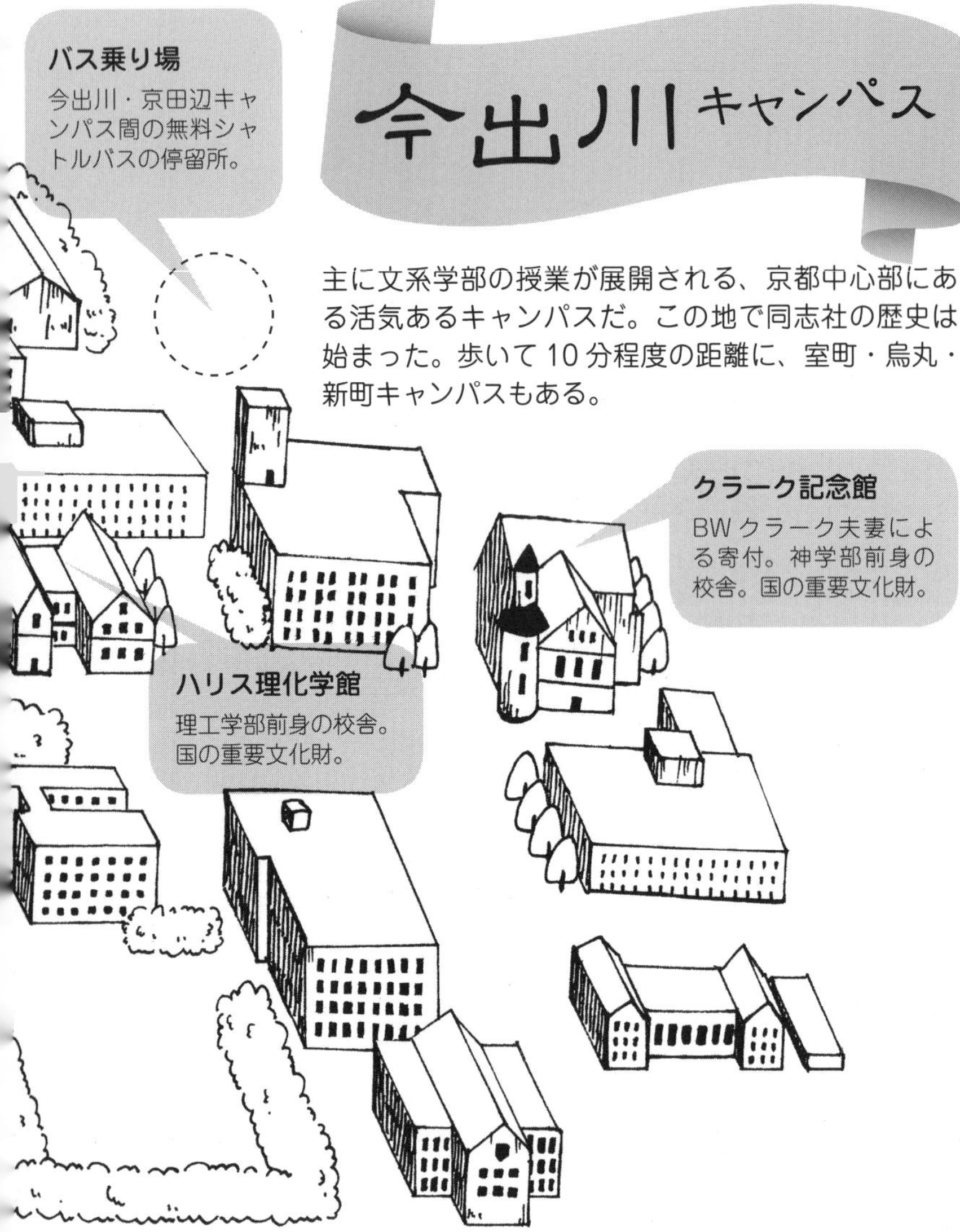

バス乗り場
今出川・京田辺キャンパス間の無料シャトルバスの停留所。
クラーク記念館
BWクラーク夫妻による寄付。神学部前身の校舎。国の重要文化財。
ハリス理化学館
理工学部前身の校舎。国の重要文化財。

イラスト・依田美悠（文学部美学芸術学科）

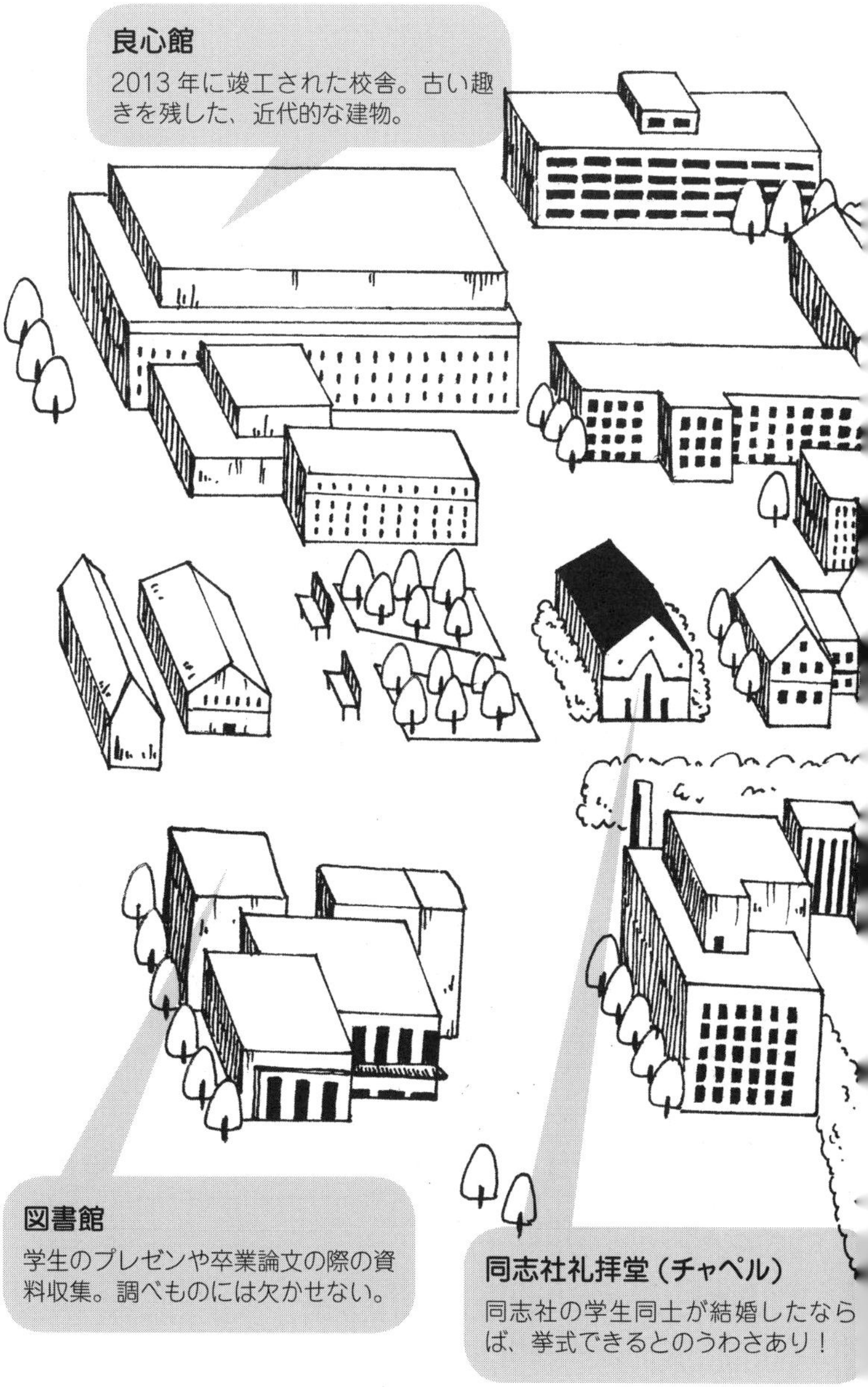
良心館
2013 年に竣工された校舎。古い趣きを残した、近代的な建物。
図書館
学生のプレゼンや卒業論文の際の資料収集。調べものには欠かせない。
同志社礼拝堂（チャペル）
同志社の学生同士が結婚したならば、挙式できるとのうわさあり！

デイビス記念館
体育館。入学式もここで行われる。体育館を使用する際は、時間に余裕をもって行動することが大切。遠い！
ハローホール
昼休みにはさまざまなサークルの発表場所、そして夜にはライト練習場所となる。
同志社ローム記念館
学生の憩いの場。なかにはベーカリーも併設されている。

イラスト・山崎瑞季（文学部美学芸術

京田辺キャンパス

理系学部の授業が行われるのが、ここ京田辺。総面積 79 万平方メートル、とにかく広い！
グラウンドでは運動部の学生が汗を流す。

ラーネッド記念館図書館
京田辺のシンボル的建物。とにかくなんでもある図書館。「Live to Learn, Learn to Live」
知真館

大講義でよく使われる校舎。

図表で読み解く卒業後の進路

取材で参考にしたデータは２０１２年度の卒業生のもの（２０１３年４月採用）である。

図表1 卒業生の進路状況

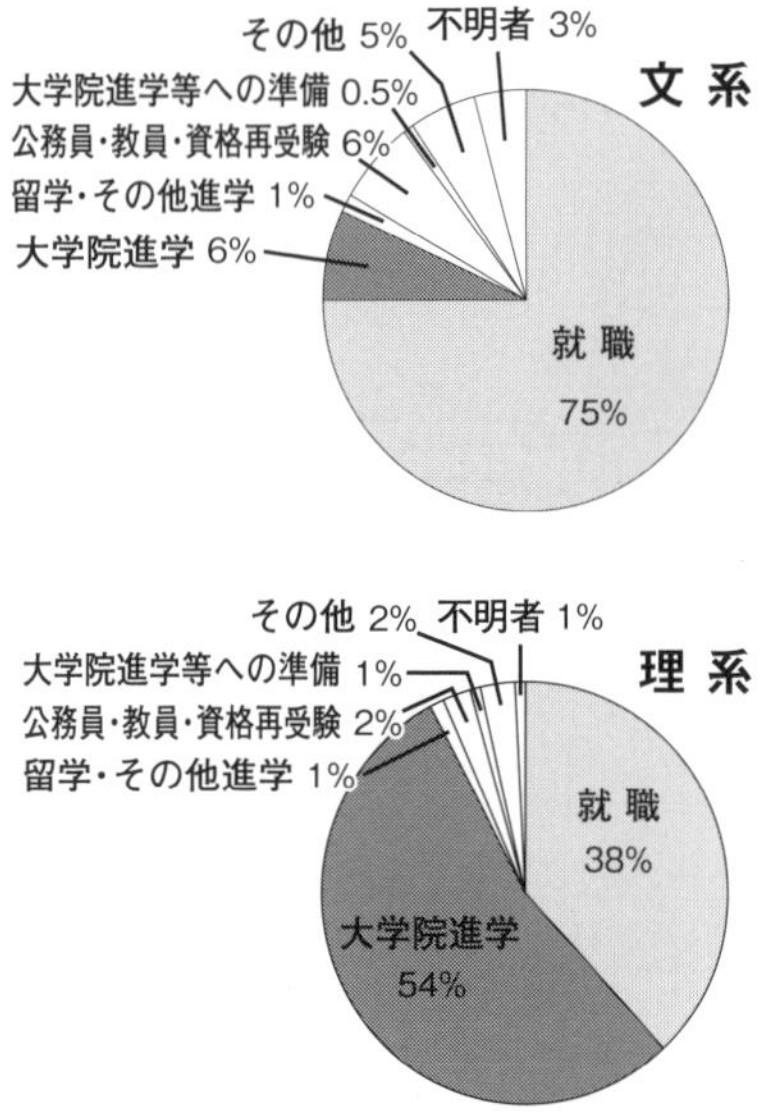

文系は４人に３人が就職、理系は半数が大学院へ進学

将来を考えるうえで、どうしても気になるのは学部を卒業した後の進路だ。

そこで編集部は、同志社大学キャリアセンターキャリア支援課の辻憲一係長に、学部生の動向について話を聞いた。以下、４つの図表とともに紹介したい。

図表１は文系・理系別に学部生の進路状況をグラフ化したもの。文系の75％が就職を志望している。

「毎年、文系学生の大半が就職をする傾向には、変わりはありません」と辻係長。

対して、理系は約半数が大学院へ進学する。就職を希望するのは38％。

「進学先でいちばん多いのは同志社の大学院です。同志社以外では京都大学、または大阪大学が目立ちます。

理系の技術者として就職した場合、大学院で勉強した学生は専門性があり、高く評価されます。もちろん学部卒でエンジニアとして採用された学生もいますが、少数派です」。

図表２　就職者数順企業・団体ランキング20

金融・メーカーが人気　就職先の上位３位は銀行

順位	企業・団体名	分野	人数
1位	株式会社三井住友銀行	金融	59人
2位	株式会社三菱東京ＵＦＪ銀行	金融	44人
3位	株式会社京都銀行	金融	39人
3位	日本生命保険相互会社	金融	39人
5位	東京海上日動火災保険株式会社	金融	35人
6位	株式会社りそなホールディングス	金融	32人
7位	積水ハウス株式会社	メーカー	29人
8位	株式会社南都銀行	金融	27人
9位	みずほフィナンシャルグループ	金融	25人
10位	京都中央信用金庫	金融	24人
11位	京都市	公共	23人
12位	イオンリテール株式会社	小売	22人
12位	野村証券株式会社	金融	22人
12位	三菱電機株式会社	メーカー	22人
15位	株式会社ゆうちょ銀行	金融	21人
16位	パナソニック株式会社	メーカー	20人
17位	京都府	公共	19人
17位	株式会社滋賀銀行	金融	19人
19位	ソフトバンクグループ	情報	18人
19位	富士通株式会社	メーカー	18人

前ページのランキングは、就職者数が多い順に企業を並べたものだ。トップから順に、都市銀行や地方銀行、信用金庫や証券会社、保険会社といった金融関連の企業がずらりと並ぶ。

「毎年必ずこういうランキングが出るというわけではなく、一人の就職先が変われば順位が変動することはご了承ください。ただ、毎年全体に共通する傾向としては、金融とメーカーに就職する学生が多いことが挙げられます」。

なぜ同志社大生にこの2業種が人気なのだろうか？

「まずは、すでに同志社大学出身者が多く入社している企業が多いため、同志社の学生に対して好意的なことが挙げられるでしょう。またメガバンクをはじめ、大企業のなかには採用で『関西枠』を設定している会社も少なくありません。そういった枠があると、学生を一定数採用してくれるわけですから、同志社の学生には有利に働く印象があります」。

トップ20のうち金融は12社、次いで多いメーカーは4社。その根底には同志社ならではの学生の特徴があるのではないかと、辻係長は分析する。

「小売やサービス業よりも、金融やメーカー。この業界に共通するのは、カネやモノの流れの上流に位置するという点です。同志社の学生たちがより社会の中枢にありたいという志向をもっているのではないかと感じます」。

一方、メーカーでは、家電やエレクトロニクスに強い企業がランキングに入っている。

「なかでも12位の三菱電機、16位のパナソニック、そしてこのランキングには入りませんでしたが、21位の株式会社日立製作所には同志社らしさが表れています。というのは就職者のうち、理系だけでなく文系の学生も半分くらい採用されているんです」。

理系では技術職採用、文系では営業や生産管理といった仕事に就くケースが多いそうだ。メーカーでも文系からの就職者が多いのは総合大学ならではの「就職力」を示しているといえよう。

なお同志社大学では、例年600社を超える企業が学内で説明会を開催している。

図表3 就職率

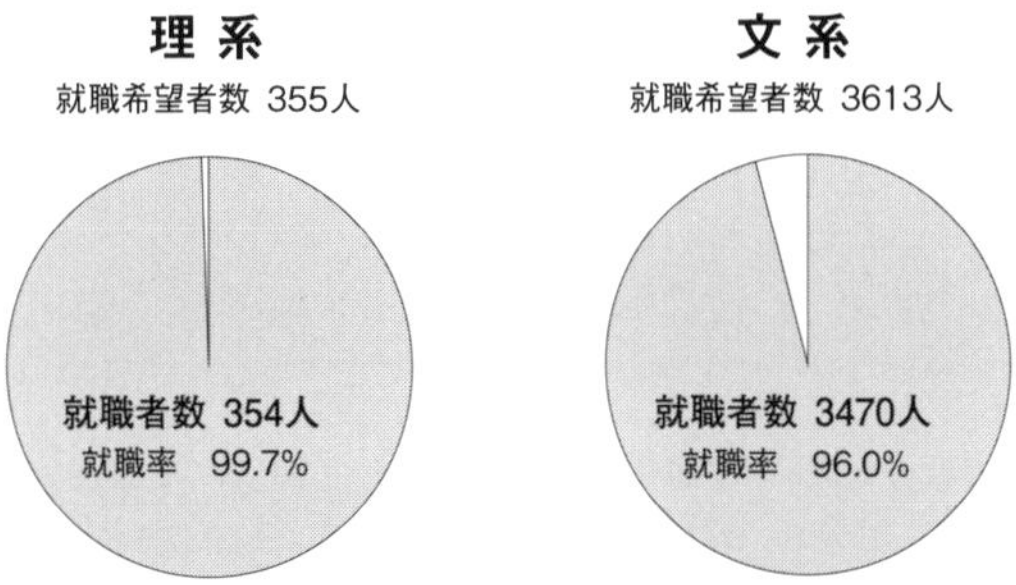

学部学科による違いはわずか むしろその他の要因に左右

学部・学科と就職先の関連性について、辻係長に尋ねると、期待に反した答えが返ってきた。

「残念ながら『この学科はこの業界に強い』とまで言い切れるほどのデータは揃いません。どんな学生がいたか、個別のケースによります。あとは、そのときの社会情勢の影響も受けます。たとえば2008年のリーマン・ショックのあとには世界同時不況となり、金融・メーカーともに軒並み激減しました。近年はＩＴ企業を選ぶ学生が多い年が続いています。これは業界が伸び盛りだからでしょう」。

とはいえ、おおざっぱであっても学部・学科による傾向は知りたいものだ。そこでデータに基づいた分析ではなく、一個人の私的な見解という前提で、就職活動にあたって全学科の学部生の特徴を辻係長に教えてもらった。

文系学部から見ていこう。まずは**神学部**。

「文系のなかでも、精神的なことに深く向き合う学生が多い印象です。院に進んで牧師になる学生がいます。就職も進学も選ばず、ボランティアをしたり、海外に渡航したりする学生もいる。これはデータからは読み取りにくい動きです」。

神学部に似た傾向があるのが、**文学部哲学科**だ。

「文系学部のなかで、院への進学を選ぶ学生が多いのが文学部です。そのなかでも哲学科は、院に進む学生が目立ちますね」。

文学部英文学科は、英語や外国語を駆使する、国際的な職業を希望する学生が多いという。

「英文学科には、キャビンアテンダントや、空港で働くグランドスタッフといった職種を希望する学生は多いです。旅行会社も人気です。最近は海外拠点をもつ企業も多いため、メーカーで語学力を生かそうと考える学生も少なくありません」。

一方、「傾向はバラバラ」なのが**文学部美学芸術学科**。「芸術的に秀でた才能のある学生が集まる学科です。アパレルや被服、あるいはデザインへの興味を活かしてIT系を選ぶ学生もいます」。

文学部文化史学科は「資格を取って、博物館の学芸員を目指す学生は多いです。でも学芸員は採用枠が少ないため、競争率が高くなる。そこで都道府県の教育委員会で歴史の知識を活かすなど、やや方向転換して夢を叶えた話を聞きます。遺跡の発掘というユニークな仕事を選んだ学生は、私の印象に残っています。ただ発掘の場合、雇用が有期になる求人が多いのが悩みどころです」。

文学部国文学科と**社会学部教育文化学科**には、比較的教育に関心が高い学生が集まる。具体的には教員や塾講師といった職業だ。たとえば、教育産業を展開する株式会社ベネッセコーポレーションに就職した学生もいる。

一方、これといった特徴を挙げにくいのが**社会学部社会学科**と**産業関係学科**、**政策学部**だと、辻係長は話す。

「特徴が出にくいのは、いろんなジャンルに興味があるから。これは、社会的な学問分野に興味があるがゆえの特性なのかもしれません」。

社会学部メディア学科はテレビ局や新聞社を目指す学生が、他学科よりも多い。

「なかには一年目に合格しなくても志望を変えずに、就職浪人をする学生もいます。企業側も新卒にはこだわらない傾向があります」。

公務員になる学生が、他の学科よりも多い学部がある。

「**法学部法律学科**と**政治学科**は、他学部より公務員率が高いですね。行政への関心の高さがうかがえます。法学部にはキャリアセンター主催の公務員講座を受講する学生も多いです」。

一学年の定員が850人ずつ、最大の学生数を誇る**経済学部**と**商学部**には共通点があるという。

「総じて経済活動に興味がある。金融は人気です。あとは観光や流通を学ぶ授業がある影響でしょうか、旅行会社や百貨店といった業種に興味をもつ学生が増えました」。

文化情報学部は、文理融合を謳って創設された。

「データサイエンスに強いですから、IT系への就職率が際立っています。システムエンジニアが多い。営業といった文系就職も多いです」。

スポーツ健康科学部ではスポーツメーカーが人気だ。「大手のミズノさんやアシックスさんは憧れの就職先ですね。また、ジムや運動施設のインストラクター、あるいは体育教師を志望する学生もいます」

心理学部と**社会学部社会福祉学科**の学生は、病院への就職を望む学生が多い。

「ソーシャルワーカーになりたい学生は、患者の精神的なケアに関心があるようです。社会福祉学科の場合は福祉関連の企業、あるいは公務員になって行政の立場から社会福祉に携わろうと志す学生がいます。また心理学部では、カウンセラーになるには専門的な勉強は必須ですから、院に進む学生も多いです」。

2011年に開設されて、これから卒業生が社会に出ていくのが、**グローバル・コミュニケーション学部**と**グローバル地域文化学部**だ。

「海外志向が強く、『語学だけができても、しょうがない』と考える学生が多い。キャビンアテンダントやメーカー就職を希望する点では、英文学科と共通しています。留学経験者ばかりのグローバルな視点を活かして活躍してくれるのではないかという期待があります」。

次に理工系学部を見ていこう。

理工学部インテリジェント情報工学科と**情報システムデザイン学科**には共通点がある。

「この2学科はＩＴ系が多いですね。メーカーのシステム部門に採用されるケースもあります」。

理工学部電気工学科、**電子工学科**は圧倒的にメーカーへの就職が多数で、職種はエンジニアだ。同様に**理工学部機械システム工学科**と**エネルギー機械工学科**も、メーカー採用が多い。

「前述したようにエンジニア志望の学生は院へ進む人が多い。学部卒の人材は、理系メーカーの営業職に就く場合も多いです。『自社の製品特性を正確に理解し、アピールできる営業職』は重宝されます」。

理工学部機能分子・生命化学科と**化学システム創成工学科**の学生は、化学系メーカーに強い。また製薬会社に進む学生もいる。

理工学部環境システム学科の学部生は、ＩＴ企業でシステムエンジニアの職に就くことが多い。

「**理工学部数理システム学科**は数学教師になるイメージが強いかもしれませんが、それほど多くはありません。なぜなら理工学部の授業を受けつつ、さらに教員免許を取得するための授業の単位を取るのが本当に大変だからです。大学進学の時点で教師になりたいことが明確になっている場合、教育学部のある大学を選ぶでしょうね」。

勉強が大変という点では公務員も同じだが、意外に知られていないことがあると、辻係長は話す。

「地方公務員で、技術職を採用する枠をもっている都道府県があります。理工系学部といえばメーカー就職というイメージが強いですが、そういった進路もあります。公務員の勉強は大変ですが、それをクリアして『理想的な就職』ができた学生もいます」。

最後は**生命医科学部**だ。

「**医工学科**は機械工学科ですから、医療機器メーカーの引く手あまたですね。**医情報学科**は製薬会社やメーカーのシステム部門など、ＩＴ技術を生かした仕事についた学生がいます。また**医生命システム学科**は化学系から派生した学問分野だけあって、化学系メーカーや製薬系に強い。繊維の素材メーカーに入社した学生もいます」。

図表4 その他ランキング

司法試験や公認会計士ベスト20にランクイン

本ページの4つのランキングは、各種資格などの大学別合格者数である。

2004年度に開設された同志社大学の法科大学院、司法試験の合格者数は、全国12位だ。公認会計士は全国5位。国家公務員の総合職（旧Ⅰ種）は19位にランクインしている。

また東京商工リサーチのデータによれば、社長の出身大学別人数は、全国8位。ビジネスの才覚がある人材が多いことが見てとれる。

新司法試験 法科大学院別合格者数別

順位	法科大学院	最終合格者数
1	慶應義塾大学法科大学院	201人
2	東京大学法科大学院	197人
3	早稲田大学法科大学院	184人
4	中央大学法科大学院	177人
5	京都大学法科大学院	129人
6	一橋大学法科大学院	67人
7	明治大学法科大学院	65人
8	大阪大学法科大学院	51人
9	北海道大学法科大学院	50人
10	神戸大学法科大学院	46人
10	上智大学法科大学院	46人
12	同志社大学法科大学院	42人
13	名古屋大学法科大学院	40人
13	立命館大学法科大学院	40人
15	首都大学東京法科大学院	39人
15	九州大学法科大学院	39人
15	東北大学法科大学院	39人
18	大阪市立大学法科大学院	35人
19	関西学院大学法科大学院	34人
20	法政大学法科大学院	30人

2013年（平成25年度）法務省調べ

社長の出身大学別人数

1	日本大学	22,124人
2	慶応義塾大学	11,120人
3	早稲田大学	10,934人
4	明治大学	9,358人
5	中央大学	8,695人
6	法政大学	6,925人
7	近畿大学	5,702人
8	同志社大学	5,345人
9	東海大学	4,896人
10	関西大学	4,226人

2013年東京商工リサーチ調べ
※2013年12月時点の約254万件の代表者データ（個人企業を含む）から抽出。

国家公務員採用総合職（旧Ⅰ種）試験
大学別合格者数

1	東京大学	454人
2	京都大学	172人
3	早稲田大学	105人
4	慶応義塾大学	91人
5	東北大学	74人
6	北海道大学	70人
7	大阪大学	67人
8	九州大学	62人
9	東京理科大学	56人
10	東京工業大学	45人
11	一橋大学	38人
12	中央大学	35人
13	名古屋大学	31人
14	大阪市立大学	27人
15	岡山大学	24人
16	神戸大学	22人
17	立命館大学	20人
17	広島大学	20人
19	同志社大学	18人
20	筑波大学	17人

2013年（平成25年度）人事院調べ
※数字は、大卒程度試験と院卒者試験の合格者の合計。

公認会計士試験 大学別合格者数

1	慶應義塾大学	121人
2	早稲田大学	93人
3	中央大学	77人
4	明治大学	68人
5	同志社大学	49人
6	神戸大学	36人
7	東京大学	33人
8	関西学院大学	32人
9	京都大学	31人
10	青山学院大学	26人
10	立命館大学	26人

2013年（平成25年度）公認会計士三田会調べ

図表で読み解く同志社への道

※「入試ガイド2015」(同志社大学発行)をもとに、編集部が作成した。

図表1 同志社へ入学する方法

これまでは同志社から始まる「未来」について取り上げてきたが、「入り口」、すなわち大学への入り方についても触れておきたい。

近年は受験方式が増え、いろんなルートがある。同志社大学に入る主な方法は、左図の通り。

同志社へ入学する方法は、いわゆる試験と推薦入試、外国人留学生を対象とした入試の3つに大別される。

試験・推薦合わせて11の道筋がある

最も入学する人数が多いのが「一般選抜入学試験」「大学センター試験を利用する入学試験」で、ほぼすべての学部で実施される。

その学部に入学して勉強したいという熱意が評価されるのが「アドミッションズオフィス方式による入学選抜」、いわゆるAO入試と、「推薦選抜入学試験・自己推薦入学試験(公募制)」だ。

次ページからそのポイントを紹介していきたい。

- **試　験**
  - 一般選抜入学試験
  - 大学入試センター試験を利用する入学試験
  - アドミッションズオフィス方式による入学選抜（ＡＯ入試）
  - 推薦選抜入学試験・自己推薦入学試験（公募制）
  - 社会人特別選抜入学試験
  - 海外修学経験者入学試験
- **推薦入試**
  - 指定校制
  - 法人内諸学校
  - トップアスリート入試
  - 京都府立高等学校特別入試
- **外国人留学生を対象とした入試**

図表2 受験のプラン例

受験回数が増えると合格率は上がる

親世代と比較して、昨今の大学受験は変化している。最たるものが、受験可能な回数だ。かつての大学受験といえば一回きりの大勝負で、もし失敗したら、来年に再挑戦が常識だった。

ところが、今は同じ学部を何回も受験できる大学が少なくない。同志社大学も同様だ。左ページでは受験方式が最も多い文化情報学部を例に挙げた。

本気で同志社大学を目指すなら、一般受験の前に、推薦入試に挑戦したい。推薦は大きく二つ、指定校推薦と自己推薦がある。また、年内に出願するのがいわゆるAO入試だ。

これらの合否については、遅くとも高校3年の12月までにわかるようになっている。

年が明けて、始まるのが受験シーズン。一般選抜入学受験には全学部日程と個別日程の2タイプがあり、試験日が異なるため併願できる。

さらに大学入試センター試験を利用する入学試験があり、A方式・B方式といった形式で、採点方法が異なる出願方法がある。なお、文化情報学部の場合はA・B方式の両方に出願することが可能だが、学部によっては併願できないこともある。

これらを合計すると、文化情報学部は最大合計7回の挑戦が、理論上では可能だ。

一般選抜入学試験について、学部を問わずに受験した場合、受験回数が増えるにしたがい合格率が上がる。1回しか受験しなかったときの合格率は40％なのに対し、5回受験したときは60％。これは入試の設問が、学部によって難易度や傾向・形式に大きな差がないため、日程・学部ごとの対策が必要がないことが理由として考えられる。

入試制度を正確に理解することが、入学への道につながっていく。

文化情報学部の受験プラン例

高校3年

6月	▼指定校推薦枠がないか、所属高校に確認	＝①
7月		
8月	▼アドミッションオフィス方式（ＡＯ入試）で出願	＝②
9月		
10月	▼推薦選抜入学試験・自己推薦入学試験（公募制）で出願	＝③
11月		
12月	▼一般選抜入学試験の全学部日程で出願 ▼一般選抜入学試験の個別日程で出願 ▼大学入試センター試験を利用する入学試験（B方式）で出願 ▼大学入試センター試験を利用する入学試験（A方式）で出願	＝④ ＝⑤ ＝⑥ ＝⑦
1月		
2月		⇩合計7回
3月	卒業	
4月	入学	

※毎年受験要項は変わります。正確な日程は大学側に確認してください。

図表3 入学試験の種類

左表は、各学部の入学試験の種類だ。

一般入試はすべての学部で実施される。一般入試には全学部日程と学部個別日程の2種類がある。全学部日程と学部個別日程の併願は可能だ。

センター試験を利用した入試は、グローバルコミュニケーション学部以外のすべてで行われる。

アドミッションズ・オフィス、いわゆるAO入試とは、出願者の人物像を学校側の求める学生像(アドミッション・ポリシー)と照らし合わせて合否を決める入試方法だ。

AO入試の場合、合格したら同志社大学に必ず入学する条件で受験する。AO入試があるのは3学部で、商学部と文化情報学部、スポーツ健康科学部だ。学科試験はなく、自己紹介書や1000字程度の志望理由書、2000字程度のエッセイを通じて、自己アピールするのが特徴だ。

AO入試があるのは商学部、文化情報学部、スポーツ健康科学部

推薦選抜入学試験・自己推薦入学試験(公募制)は、すべての学部学科で募集しているとは限らない。推薦入試については後述する。

社会人特別選抜入試は、スポーツにトップレベルの技量をもつ人材を受け入れる枠組みで、スポーツ健康科学部だけが実施している。募集人数は確定しておらず、トップクラスの実績がないと該当しないため、通常は考える必要はない。

同様に、海外修学経験者(帰国生)入学試験も、海外出身のアスリートを、スポーツ健康科学部で受け入れる枠組みととらえてよい。こちらも、日本在住の一般学生は視野に入れる必要はない。

以上を踏まえると、通常の学生にとっては「一般入試」と「センター試験を利用した入試」が主戦場になる。もし目指す学科にAO受験があるならば、一足先に挑戦する価値があるだろう。

学部・学科名	一般選抜入　試	センター利用入試	ＡＯ入試	推薦選抜·自己推薦(公募制)	社会人特別選抜入試	海外就学経験者(帰国生)入試
神学部神学科	●	●	—	●	—	—
文学部英文学科	●	●	—	●	—	—
文学部哲学科	●	●	—	●	—	—
文学部美学芸術学科	●	●	—	●	—	—
文学部文化史学科	●	●	—	—	—	—
文学部国文学科	●	●	—	●	—	—
社会学部社会学科	●	●	—	—	—	—
社会学部社会福祉学科	●	●	—	●	—	—
社会学部メディア学科	●	●	—	●	—	—
社会学部産業関係学科	●	●	—	●	—	—
社会学部教育文化学科	●	●	—	—	—	—
法学部法律学科	●	●	—	●	—	—
法学部政治学科	●	●	—	●	—	—
経済学部経済学科	●	●	—	●	—	—
商学部商学科	●	●	●	—	—	—
政策学部政策学科	●	●	—	—	—	—
文化情報学部文化情報学科	●	●	●	●	—	—
理工学部インテリジェント情報工学科	●	●	—	●	—	—
理工学部情報システムデザイン学科	●	●	—	●	—	—
理工学部電気工学科	●	●	—	●	—	—
理工学部電子工学科	●	●	—	●	—	—
理工学部機械システム工学科	●	●	—	●	—	—
理工学部エネルギー機械工学科	●	●	—	●	—	—
理工学部機能分子・生命化学科	●	●	—	●	—	—
理工学部化学システム創成工学科	●	●	—	●	—	—
理工学部環境システム学科	●	●	—	●	—	—
理工学部数理システム学科	●	●	—	●	—	—
生命医科学部医工学科	●	●	—	—	—	—
生命医科学部医情報学科	●	●	—	●	—	—
生命医科学部医生命システム学科	●	●	—	—	—	—
スポーツ健康科学部スポーツ健康科学科	●	●	●	●(※)	●	●
心理学部心理学科	●	●	—	●	—	—
グローバル・コミュニケーション学部グローバル・コミュニケーション学科	●	—	—	●	—	—
グローバル地域文化学部グローバル地域文化学科	●	●	—	●	—	—

※スポーツ能力に優れた者を対象とする特別入学試験

図表4 入学試験の定員

大多数が一般入学試験で センター試験枠は約5％前後

各学部の入学試験の募集定員を見ると、半数近くが一般選抜試験に定員を割いている。一般選抜試験は入学の王道といえよう。

さらにこの定員の配分から、「入学してほしい学生」の方針が読み取れる学部がある。

たとえば神学部では、定員60人のうち、推薦選抜・自己推薦（公募制）での採用は20人にのぼる。3分の1もの学生を推薦選抜・自己推薦（公募制）で受け入れるのは、神学部だけだ。

その出願資格を見ると「キリスト教に積極的な関心をもつ者」（推薦選抜）、「同志社大学神学部で一神教（キリスト教、イスラーム、ユダヤ教）を中心に宗教を深く専門的に学ぶことによって、将来の夢を実現したいという強い意志をもっている者」（自己推薦）といった要項が並ぶ。

「他でもない神学部でしか学べないことを、キリスト教をはじめとする一神教について本気で学びたい学生に対して門戸を開く」姿勢を強く感じるのが、神学部の定員配分だ。

その対極にあるのが理工学部。推薦での入学枠は各学科たった1名。これは学科試験の成績が一定以上ないと、入学後に勉強についていけなくなる厳しさがあるがゆえの配分だろう。

センター試験で入学する学生は、全学部の平均値では定員の5％程度。学部によりばらつきがあり、文学部英文学科では約10％の一方で、心理学部心理学科は約3％。学部によって受験科目の点数配分も異なってくる。センター試験での入学を考える場合、自分の得意科目と、学部の特性を見据える必要がありそうだ。

学生の実態に合わせて受験方式は増えている。行きたい学部の受験方式をまず調べてみよう。

学部・学科名	入学定員	一般選抜入試による募集人数	センター利用入試による募集人数	ＡＯ入試による募集人数	推薦選抜・自己推薦(公募制)による募集人数
神学部神学科	60 人	28 人	2 人	ー（なし）	20 人
文学部英文学科	300 人	175 人	30 人	ー	10 人
文学部哲学科	65 人	40 人	3 人	ー	3 人
文学部美学芸術学科	65 人	45 人	5 人	ー	3 人
文学部文化史学科	120 人	67 人	5 人	ー	ー
文学部国文学科	120 人	74 人	4 人	ー	2 人
社会学部社会学科	82 人	45 人	5 人	ー	ー
社会学部社会福祉学科	93 人	52 人	5 人	ー	13 人
社会学部メディア学科	83 人	53 人	5 人	ー	4 人
社会学部産業関係学科	82 人	53 人	5 人	ー	3 人
社会学部教育文化学科	75 人	42 人	5 人	ー	ー
法学部法律学科	650 人	362 人	20 人	ー	15 人
法学部政治学科	200 人	95 人	10 人	ー	5 人
経済学部経済学科	850 人	495 人	25 人	ー	10 人
商学部商学科	850 人	399 人	25 人	20 人	ー
政策学部政策学科	400 人	184 人	35 人	ー	ー
文化情報学部文化情報学科	280 人	130 人	30 人	10 人	10 人
理工学部インテリジェント情報工学科	80 人	45 人	5 人	ー	1 人
理工学部情報システムデザイン学科	80 人	45 人	5 人	ー	1 人
理工学部電気工学科	75 人	48 人	7 人	ー	1 人
理工学部電子工学科	85 人	53 人	7 人	ー	1 人
理工学部機械システム工学科	90 人	63 人	2 人	ー	1 人
理工学部エネルギー機械工学科	70 人	49 人	3 人	ー	1 人
理工学部機能分子・生命化学科	80 人	50 人	5 人	ー	1 人
理工学部化学システム創成工学科	80 人	50 人	5 人	ー	1 人
理工学部環境システム学科	50 人	32 人	2 人	ー	1 人
理工学部数理システム学科	40 人	23 人	2 人	ー	1 人
生命医科学部医工学科	90 人	58 人	5 人	ー	ー
生命医科学部医情報学科	90 人	58 人	3 人	ー	2 人
生命医科学部医生命システム学科	60 人	39 人	2 人	ー	ー
スポーツ健康科学部スポーツ健康科学科	210 人	90 人	30 人	3 人	36 人
心理学部心理学科	150 人	70 人	5 人	ー	8 人
グローバル・コミュニケーション学部グローバル・コミュニケーション学科	150 人	75 人	ー	ー	14 人
グローバル地域文化学部グローバル地域文化学科	180 人	109 人	6 人	ー	18 人

図表5
主な推薦入学

日本代表に選ばれるレベルのアスリートや、海外からの留学生を除いた一般学生にとって、申請できる可能性が高い推薦入試は大きく2つある。

第一に、指定校推薦。自分の所属する高校が例年同志社大学に入学した実績がある場合、その高校が指定校推薦枠をもっているケースがある。どの高校が指定校推薦をいくつ持っているかは公にされていないため、所属高校の担任や進路指導の先生に確認する必要がある。

第二に、推薦選抜入学試験・自己推薦入学試験（公募制）がある。推薦選抜・自己推薦（公募制）は毎年変わる可能性があるので、その年の受験要項を確認してほしい。

神学部と同様に、キリスト教信者に対して、優遇があるのが社会学部社会福祉学科だ。

社会福祉学科のキリスト者推薦選抜入学試験の出願資格には、「同志社大学の設立理念に共鳴したキリスト者であること」「所属協会等の推薦状、および自分自身の信仰告白を伴う証文（形式は不問）を提出のこと」といった要項が並ぶ。同志社はキリスト教プロテスタントの流れを汲む。その社会福祉学科ならではの推薦制度である。

有利なのが推薦入試
志望を定めて、年内に決着

文学部国文学科の枠は「伝統文化継承者特別入学試験」だ。伝統文化継承者とは「これまでに伝統文化を継承してきており、将来にわたって継承・発展させるだけの技術と熱意をもつ者」と規定されている。伝統文化がどの範囲を指すのか、心当たりがある場合は入試課に問い合わせてみるのも一案だろう。

また、推薦試験ではスポーツ（全国大会出場程度）、語学、課外活動で実績のある学生を募集する学科も目立つ。詳細は募集要項で確認しよう。

一般学生が申請できる可能性が高い推薦方法

指定校推薦

自分の所属する高校から、同志社大学に入学した者が多く、一定以上の実績が認められる場合、指定校推薦の枠が発生するケースがある。詳細は所属高校で確認できる。

推薦選抜入学試験・自己推薦入学試験（公募制）

該当学部の示す出願資格を満たす場合、出願できる。キリスト教信者や語学、課外活動について条件を出している学部がある。

図表6 付属校からの道

同志社の付属校は4校 一定の成績があれば進学可能

同志社大学に入学するルートとして、法人内諸学校からの推薦入試、すなわち付属高校からの内部進学が挙げられる。

第一に同志社中学校・高等学校がある。京都市左京区岩倉で、中高一貫教育を行う。生徒は、ほぼ全員が四年制大学に進む。全体の約85％が同志社大学・同志社女子大学に進学し、約15％が他大学を受験。京大をはじめとする国公立大学や私大に進学する学生がいる。

2006年、同じ岩倉の敷地内に同志社小学校が設立された。それにより今出川にある同志社幼稚園から岩倉にある小学校、そして大学まで、同志社での一貫教育が可能となった

第二に同志社女子中学校・高等学校。女子校で、同志社大学今出川キャンパスの北東部側に隣接する。コース制を導入し、同志社・同志社女子大学への進学を目指す「リベラル・アーツコース」と、医薬理工系の難関大学を目指す「ワイルド・ローバーコース」の2つに分かれているのが特徴だ。

第三に同志社香里中学校・高等学校。所在地は大阪府寝屋川市、京都府外にある唯一の同志社系列学校だ。

第四に紹介するのが同志社国際中学校・高等学校だ。同志社国際高等学校は、1980年に文部省（現・文部科学省）指定「帰国生徒受け入れ専門校」として設立された。

同志社国際の特徴は、生徒の3分の2が海外からの帰国生徒である点。帰国生徒と国内一般生徒が混在して、グローバルな雰囲気だ。

4高校の大半が、同志社大学・同志社女子大学へ進学する。中高の一貫教育で同志社を視野に入れるのも一つの選択といえよう。

名前	同志社中学校・高等学校	同志社女子中学校・高等学校	同志社香里中学校・高等学校	同志社国際中学校・高等学校
創立年	1896年	1877年	1951年	高等学校 1980年 中学校 1988年
所在地	京都市左京区岩倉大鷺町89	京都府京都市上京区今出川通寺町西入ル	大阪府寝屋川市三井南町15-1	京都府京田辺市多々羅都谷60-1
形態	男女共学	女子校	男女共学	男女共学
トピックス	2006年に同じ敷地に同志社小学校が開校した。	「リベラル・アーツコース」と「ワイルド・ローバーコース」の2コース制を導入。	京都府外にある唯一の同志社の系列校。週6日制。	全校生徒の3分の2が帰国生徒。主要教科は習熟度によってクラス分けされる。

編集後記

編集長　北田　成実
きただ・なるみ
（心理学部心理学科４年）

まず、この本の制作に関われたことに感謝している。最初に「学生だけで本をつくる」という話を聞いた時、「なんて無謀なんだ、ましてメンバーをまとめるなんて無理」と思っていた。しかし、６人で協力し時間に追われながらも、完成へと励む道のりは厳しくも楽しいものだったと、今は思う。

また多くの素晴らしい人との出会いもあり、本づくりを通し一つのものを作る楽しさやできた喜び、またさまざまな学生のがんばりやそれを聞くことでわかる自分の未熟さを発見できた。

この本では学科選びはもちろん、各学生のこれまでの努力や経験にも注目して、学生生活に役立ててほしい。

西田　奈未
にしだ・なみ
（文化情報学部文化情報学科４年）

この本を手に取ってくださり、ありがとうございます。同志社は「自由な校風」と言われています。取材、執筆のためにさまざまな人たちとお話しして、あらためてその通りと、実感しました。部活に熱中したり、勉学に力を入れたり……一人ひとり、夢や想いをもって日々大学に通っています。そんな学生たちの声を、新鮮なまま記事にしたつもりです。

この本を通じて「自由な校風」を感じてください。そして、入学したらやりたいことを発見し一生懸命取り組んでください。

「同志社ならできる！」

木許　良咲
きもと・らさ
（社会学部メディア学科３年）

本を出版するにあたり、伝えることの難しさを痛感した。多くの人に読んでもらいたいという思いを込めて、誰が読んでもわかるように意識して書いた。学校のパンフレットとは違い、現役学生の生の声がそのまま載っているのがこの本の魅力である。

取材を通して、人と出会う楽しさにあらためて気づかされた。普段かかわることのない方のお話を聞くことができ、とても新鮮であった。

学科紹介では、４年生が物事を広い視野で見ていることや将来のビジョンをしっかりと持っていることに刺激を受けた。本づくりで得たことを吸収し、これからの学生生活、部活動で活かしていきたい。

※所属・学年は発行時のもの

鈴木 芙実 すずき・ふみ（文学部英文学科３年）

大学生だからこそできること、語ることのできる、大学生だからこそ伝えられることがたくさん詰まった一冊。はじめは、どのように取材したらうまく聞き出せるのか、どのように書いたらうまく伝わるのか、悩むことばかりだった。しかし取材の回数を重ねるにつれてコツをつかむことができたように感じている。

同志社大学を知ってもらうために活動してきたつもりだったが、実は私自身が、自分の在籍する大学の良さに気づくことができたいい機会だった。学生の視点をぜひとも楽しんでいただきたい。

中園 祐介 なかぞの・ゆうすけ（社会学部メディア学科３年）

記事を書く際、多くの4回生の方に同志社での学生生活についての話を伺った。そこで一番印象に残ったのは、大学生活には本当に大きな可能性があり、一人一人が自分の興味を持ったことに懸命に取り組んでいる事実である。

今回話を聞かせて頂いた方々がどのように4年間を過ごしたのか。それは、私自身にとって残り2年となった大学生活を過ごす上で大きなヒントになった。この本を読んで下さる方のなかに、先輩方の話から大学生活の指針が見つかる人が一人でも多くいてくれれば、とても嬉しい。

藤井三裕紀 ふじい・みゆき（文学部英文学科３年）

この本を制作し終え、私の強みとなったのは「つながる力」だ。今回、1章で取材をさせていただいた先輩方には、私たちの「つながる力」を頼りにアポイントメントを取り、取材が実現した。友人の紹介ではじめてお会いして対談させていただいた方、SNSにおける見ず知らずの私の呼びかけを見て取材に応じてくださった方。昨年の夏休みには、実に多くの方との出会いがあった。

高校生の頃の私は、1冊の本を出版する機会に恵まれる未来を想像していただろうか……？　大学にはたくさんのチャンスが転がっている。

おわりに

「大学全員入学時代」といわれて久しい。受験する子どもをもつ保護者にとっては、受験の方法や学習内容、授業料を含む4年間での経費、就職活動など、自分たちの経験とはなにもかも違うことに驚くだろう。

子どもの幸福を願う気持ちはすべての父母の思いだ。

親にとって、子どもの大学進学は、人生最大の事業であるといっても過言ではない。もはや「大学進学は子どもが自分で決める」時代ではないのだ。もちろん自立心旺盛な子もいないわけではないし、否定するつもりもないが、基本的な潮流は変化している。親は、子どもの安定した生活・明るい未来を提供する責任を果たすべく、真剣に取り組む必要がある。

そんな背景を踏まえて、本書を発行した。保護者の立場から、「この大学に託してよかった」「この大学に在籍したおかげで、素晴らしい未来になった」といわれるような情報を提供していきたいと考えている。

制作にあたり、同志社スポーツアトム編集局の有志が中心となって、取材を行ってくれた。取材当時は、みな勉強盛りの2回生から3回生である。学業に

＊＊

加えて、従来の部活動である新聞制作の合間を縫っての執筆は、多忙を極めたことは想像に難くない。ほんとうにがんばってくれた。

私たち大人の目線では決して描くことのできない、貴重な内容になったと、誇らしく思う。

タイトルにもあるように、本書が描きたかったのは「同志社に入ってから始まる未来」だ。絶対に受けておきたい人気の教授や、受けてよかった授業、そして卒業後の進路。そんな実感値について、全学部を見渡してこういった形で編んだ本はないのではないかと、自負している。

大学の情報というのは、得てして学外の人間には手に入れにくいものだ。同志社大学に進学を希望する受験生はもちろん、それを見守り、サポートする教育関係者、そして子どもの未来に責任をもつ親にとって、参考になればうれしい限りである。

宮帯出版社　編集部

編集スタッフ

◆制 作
同志社スポーツアトム編集局 有志
編集長 北田成実
西田奈未
木許良咲
鈴木芙実
中園祐介
藤井三裕紀

片岡 光
佐藤弘毅
只松亮太郎
榎本香里
田代真奈美
宇佐見淳
櫻井知美
鈴江勇人
尾藤央一
佐藤和香
今西佑典
村崎聡哉

谷咲奈恵
堀 大輝
宮古佳奈
佐々木彩
笹部拓也
大原和也
樋向健太郎
渋谷充彦

*
依田美悠
山崎瑞季

◆取材協力
同志社大学キャリアセンター

◆カバーデザイン 古賀鈴鳴(世界文庫)
◆本文デザイン・DTP 西尾昌也(宮帯出版社)
◆校正 鈴木 裕(宮帯出版社)
◆編集 勝部 智(宮帯出版社)
呉 玲奈

同志社から始まる未来

2014年9月10日 第1刷発行
編 集 同志社スポーツアトム編集局
発行者 宮下玄覇
発行所 MPミヤオビパブリッシング
〒102-0083 東京都千代田区麹町6-2 麹町6丁目ビル2階
電話(03)3265-5999 FAX(03)3265-8899
発売元 株式会社宮帯出版社
〒602-8488 京都市上京区寺之内通下ル真倉町739-1
営業(075)441-7747 編集(075)441-7722
http://www.miyaobi.com/publishing/
印刷所 モリモト印刷株式会社

ISBN978-4-86366-980-2 C0037